雀鬼会会長
桜井章一
Sakurai Shoichi

瞬間は勘と愛なり

混迷の時代を生き抜く力

さくら舎

はじめに

２０２1年の2月、今回の本の編集担当者から連絡がきた。

「世界的な新型コロナウイルス感染症の大流行による不況で、大企業も経営が大きく傾いている。倒産するところも出てくるかもしれない。これからは個人個人の判断力、勘が大切になってくる、カオスの時代。『最後は勘の鋭い人間が生き残る』というテーマで本を書いていただけませんか」

裏麻雀（権力者が大金を賭けて秘密裏に行う麻雀）の世界で、代打ちとして20年間無敗を誇っただけでなく、数々の修羅場をくぐり抜けてきたことは、さまざまな本で明かしている。

その編集者にしてみれば、桜井章一は勝負強い人間で、その勝負強さは、勘の鋭さからきているに違いないと思い、オファーしてきたのだろう。

たしかに俺は世間一般の人に比べれば、勘は鋭いと思う。また、勘の鋭さは、勝負においてだけでなく、人が生きていくうえで大事なものであるのは間違いない。けれど、ちょっと違うんだな。

即座にその編集者に言ったんだ。

「〝勘〟が俺を、自然に救ってくれていた。俺の人生は〝勘〟に助けてもらってきたんだよ。〝勘が鋭い人が生き残る〟なんて、そんな力強くて、かっこいい、自力的なものじゃないんだ」

このニュアンスの違い、おわかりいただけるだろうか。

絶体絶命のピンチはこれまでの人生に何度もあった。

麻薬中毒者に銃口を向けられて、発砲されたこともある。逃げることもできたが、その場から動かなかった。変に逃げたほうが危ない。そして弾は自分には当たらないという勘があった。実際に弾は当たらなかった。

ヤクザに連れ去られて、生きたまま地中に埋められたことがあった。不思議と恐怖感はなかった。危機一髪のところで、知り合いの親分に助けられた。

港の桟橋に仲間数人と立っていたとき、高波に襲われた。そのほんの数秒前に、陸のほうではなく、むしろ危険であるはずの桟橋の先、より海に近いほうへ移動した。高波は先ほどまでいた場所を襲った。間一髪、死を回避した。

どの体験もなぜ自分がそうしたのか、勘づいたのかはわからない。自分でもまったくもって不思議。不思議としか言いようがないんだ。

それでもある種の勘が働いたから、今、自分はこうして生きている。

どうすれば勘が鋭くなるのか。

正確な答えはわからないが、はっきりしているのは、少なくともその勘の正体を見極めるには、「勘を磨き上げて勝ち残ってやろう」なんて、傲慢で、力んだ心持ちではダメだということ。

勘に生かされている、決して力まず、自然の流れに身をゆだねて、自然に許してもらうくらいの心と体の柔らかさと温かさが、ファーストステップだと思う。

勘に助けられてきた俺が思う、「勘づける」ためのキーワード、キーポイントがいくつかある。それを、この本の中で伝えていこうと思う。

目次◆瞬間は勘と愛なり
——混迷の時代を生き抜く力

第1章　勘の入り口

第2章　感覚の世界

第3章　勝負の世界

第4章 「勝負と感覚の世界」の住人たち

第5章 捌く

第6章　雀鬼流哲学

エピローグ～"人間"を捨てる～

瞬間は勘と愛なり

――混迷の時代を生き抜く力

右手で持っても
左手で持っても
重たい荷物
心一つで軽くなる

雀鬼

プロローグ〜東京五輪と新型コロナ〜

不祥事続出の東京五輪

2021年7月、東京五輪が開催された。新型コロナウイルスの世界的な感染拡大を受けて、1年延期した東京大会。直前まで開催か中止かで、世界を巻き込んで大きな議論が起こった。

そもそもこのオリンピックは東京に開催地が決定してから、実にさまざまなトラブルがあった。

東京五輪の公式エンブレムの選定で発生した盗作疑惑騒動。
新国立競技場建設で発生した巨額建築費問題とそれに伴う再コンペ。
「マラソン・競歩」競技の開催地の北海道・札幌への「合意なき」変更。
「世界一コンパクトな五輪」の計画破綻。
組織委員会会長だった森喜朗《もりよしろう》氏の女性蔑視発言による辞任。
開閉会式の演出企画の統括責任者による渡辺直美《わたなべなおみ》さんへの侮辱発言とその後の辞任。

麻生太郎《あそうたろう》副総理兼財務相は、五輪では今まで40年ごとに問題が起こってきたとして、東京大会を「呪《のろ》われたオリンピック」と表現していたけど、数え上げたらキリがないほどの不祥事のオンパレードだよ。

実は、俺は今から2年ほど前、２０１９年ごろから、東京五輪は開催されないほうがいいし、実際に開催されないんじゃないかと「雀鬼会《じゃんきかい》」の道場生ら周囲の人たちに言っていたんだ。

開催されないほうがいいといったのは、オリンピックが、スポーツの祭典ではなくお金や経済がメインのテーマになっていて、どんどん違う方向に向かっていると感じていたから。

「お・も・て・な・し」なんてプレゼンして、開催が決まったけど、あの時から東京というか今の日本ではやらないほうがいいと思ったね。

実際に開催されないんじゃないかと予言めいたことを言ったのは、開催がなくなる重大事が東京に発生すると感じていたから。これはもう勘みたいなもの。

最初は関東大震災のような、大きな地震がくるのかなと思っていた。日本の力があればたいていのことはクリアできるけど、さすがに大地震が起きたら止まっちゃうだろうと。逆にそれしか中止する理由は見当たらない。

そしたら２０２０年の年明けすぐに、新型コロナウイルスのニュースが飛び込んできて、ああこれかと。

新型コロナウイルスの感染者は最初10人とか20人とかだったじゃん。横浜港に寄港したダイヤモンド・プリンセス号の乗船者だよね。そのときにこれは4ケタまでいくよと、道場生たちに言っていた。いわゆる千人台だね。実際にそうなった。

嫌な勘は的中

雀鬼会では毎年大晦日に、道場に道場生みんなが集まるんだ。御神酒《おみき》とか飲んでカウントダウンをやるのが恒例。その流れで新年会をやるんだ。

その会でいつも俺が道場生に向けて、スピーチみたいなことやるんだけど、2020年の新年会は、「今年はなんも言うことがない。お疲れさま」とだけ言った。

道場生はみんな、「おや?」って顔をしてる。

俺にしてみれば、2020年は「あけましておめでとう」じゃない。これから起ることを思えば、おめでとうじゃないだろうと。

だから、今まではずっと出していた年賀状を全部やめた。しばらくは俺の中で「おめでとう」はねえなって。

ただ、1月1日のその時、重大事が新型コロナウイルス感染症だとは正直、思ってなかったよ、なんの災害がくるんだろうって。とにかく大きな災害があるだろうってことだけがわかっていた。

それがまさか、日本国内で収まらない、世界的危機が発生するとはね。こんなこと言っちゃあれだけど、東日本大震災はいわば日本だけの問題だった。

しかし、新型コロナウイルスは世界全部に影響が出たからね。

東京五輪に感じた違和感

なぜ新型コロナウイルスの感染爆発が起こる前に、東京五輪の延期を勘づけたか、察せられたか。理由は不思議ということでしかない。答えはないんだ。

道場生たちは、日ごろから俺が予言めいたことを言い、それがしょっちゅう的中するから、もう慣れっこで、「東京五輪が延期になるとなぜわかったのか、それは（桜井）会長だからわかったこと」で終わり。

理由と根拠に関して、いちいち聞いてきたりしない。

1つ言えるのは、東京五輪は違和感だらけで、平穏無事に開催し、ノートラブルで終わるとはとても思えなかったんだよ。

今回の東京五輪は、招致・決定から、裏の暗躍が、あまりにもひどかった。IOC（国際オリンピック委員会）に対して、日本がやったことはすごいじゃない？

日本にはお金があるんで、どうにかお金でなんとかなりませんかって、やってたわけでしょう。

スイス銀行を通して流してんだろうけど。それをかっこよく「おもてなし」なんて言いやがってさ。冗談じゃねえってんだよ。

そのお金って全部我々日本国民のものだろう。

参加することに意義があるくらいのところから始まった五輪なのに、やたらお金が出ていくことに違和感を抱いていたんだ。

世間でいうところのいいか悪いかじゃなくて、自分で感じる違和感。周りの人間100人全員が右だと言っても、俺は違和感を覚えたら右には絶対いかない。日々さまざまなものに直面しその都度、〝捌《さば》いて〟いく中で、自分の中の違和感の有無を大切にしているんだ。

必然だった新型コロナウイルスの出現

今回の新型コロナウイルスは人工的なものだと思っている。

どんなに貧しい国の人だって携帯電話を持つような時代、世界のすみずみまで文明がいきわたっている。

新型コロナウイルス感染症は人類にバチがあたったようなもの。テクノロジーの進化もいいかげんにしろよっていう、一種の警告だね。

今まで自然になかったものを次々と発明していっているわけだから。たとえば、青色発光ダイオード（青色ＬＥＤ）の発明。これは日本人が発明して２０１４年ノーベル物理学賞を受賞したことでも話題になった。

この青色ＬＥＤの発明によって、光の三原色がそろい、ＬＥＤですべての色を表現できるようになったんだ。人類は今までになかった〝色〟を見つけたわけだ。

テレビなど、さまざまな電化製品への応用も可能になり、今では、ＬＥＤは道路の信号機にも使われている。

しかし、ＬＥＤの危険性を唱える団体や科学者もいる。

米国医師会（ＡＭＡ）は、従来の電球に比べ、ＬＥＤは消費電力が圧倒的に低く、発光効率が高いなど、その利便性を認めつつも、ＬＥＤが放つブルーライトが人間の網膜にダメージを与えること、メラトニンの抑制を引き起こし、睡眠障害に発展する恐れがあることを指摘している。

また、ある光生物学の世界的専門家は、ＬＥＤ照明は人間が日常的に被ばくする、最も重大な人工電磁放射線の１つで、ミトコンドリアの機能不全を生じさせ、代謝障害、失明からガンまで、その危険性が及ぶ可能性があるという。

俺は専門家ではないから、医学や科学の話は正直よくわからない。

ただ、このＬＥＤを使った信号機、よく見るとすごいよ、ポツポツポツポツって。

青・赤・黄色の信号に、ＬＥＤが各１９０個くらい付いているんだ。

これ単純に気持ち悪いって思わない？　どうしたって気持ち悪いじゃないですか。

ＬＥＤ信号機を初めて見た時、これはやばい、怖いって率直に感じた。

でも今やＬＥＤ信号機はいたるところにあるし、車に乗ったら見ないわけにはいかない。

だから、冬でもサングラスしていたんだ、どうしても見たくなくて。サングラスをかけて薄目で見ていた。

去年、新型コロナウイルスが話題になって、初めてその画像を見たとき、「ああ、信号機のＬＥＤに似てる」ってすぐに思ったんだ。

俺が信号機を見て「やばいな」って感じたのは、ＬＥＤ電球がところ狭しと並び、ハチの巣のような集合体となっている見た目の気持ち悪さだけじゃなく、こういうことだったのかって。

視覚と新型コロナウイルス

信号機を見るということは、俺に言わせれば、新型コロナウイルスの姿を日常的に見ているようなもの。それを脳に近い、目から入れちゃっているというね。

新型コロナウイルスは主に口とか鼻から入ってきて発症するわけだけど、信号機のＬＥＤの光は別に物質として、口や鼻に直接入ってきているわけじゃない。だけど、視覚情報だけでも侵されるということ。「目に毒」とはよく言ったもんだ。光の波がすごい勢いでぱっと目に入ってくるんだよ。

ＬＥＤはテレビにも使われていて、怖いものが勝手に入り込んできている。昔、テレビアニメ『ポケットモンスター』で、ピカチュウがぴかって光っただけで、子どもがあぶないよとか、注意喚起されていたよね。今はそれどころじゃない。

ＬＥＤはもういろんなところで使われているけど、昔の電灯を使っていたら新型コロナウイルスなんて生まれていないはず。

新型コロナウイルスは、イギリス型、ブラジル型、インド型などいろんな変異株が出現している。これからも世界各地でどんどん変異株が出てくると思う。

新型コロナウイルスは、地域、地域で独自に発生する、ある意味、非常に文化的な存在だなって思っている。

数学では証明できない世界

新型コロナウイルスやＬＥＤの解釈はもちろん、俺独自の感覚に由来していて、証明なんかできない。勘と同じ。

けれど、この世には数学や物理といった論理やアカデミックなもので説明できないことばかりだろう。それなのに、たとえば大学の数学科の教授クラスなんかは、数学を妄信しているよな。数学こそ正しいもんだと。

基本的に数学だけ、数字だけ追っていれば、食いっぱぐれがない人たちだ。

以前、日本トップの数学者とお会いしたことがある。

その方は、「我々はまだなにも数学についてわかっていない。数学はまだ定まっていない」と言っていた。

数学は未完成の世界で、それゆえ世の森羅万象をまだ全然、解き明かせていないという。

麻雀に関していえば、桜井章一は３％くらいしかわかっていない。それなのに俺より技量の劣る人間が麻雀を語っていたりする。

いや、語ってもいいんだけど、俺がわかっていないのに、お前らがわかるわけねえじゃねえかと思うんだ。

うちの道場生にも開成高校でトップをとって、一流大学で数学を学んでいたやつがいるんだけど、「お前、今、目の前で起きているこの現象、これを数学や物理で表してみろよ」って言うと、無理ですという。

学問で表せないものがあるんだよって。

それどころか、数、数学というものが生まれたために、出てきた問題だっていろいろある。

新型コロナ様に願いを

バカみたいに聞こえるかもしれないけど、この前、「ちょっとコロナ様、もう勘弁してください、もう許してください」って頭を下げたんだ。

俺は、神様なんかには頭を下げないけど、コロナ様には頭を下げた。

それで、コロナ様が言うには、「いや、まだ人間は懲《こ》りていないからダメ」だって。

お前らが文明を進めたことでできた病気なんだからって。みんな前に進むこと大好きだよな。こういうことしないかぎり止まらないだろう、と。

「そのとおりですね」って言うほかなかったよ。

我々は、今は苦しんでるけど、喉元《のどもと》過ぎれば熱さを忘れる、だからね。

特に日本人の性格じゃないかっていわれて。

「ああそうですね、しょうがないですね」って、そういう会話があったんだよ。

俺とコロナ様の中で、そんな会話があったあと、一時的に感染者の数が少し減ったんだよ。俺のいうこと、少しはきいてくれたのかなっと思ったけど、そんなにうまくいかないよな。また感染者が増えていったし。

新型コロナ問題がなかったら、自然を軽んじた経済発展は加速度を増していたよね。

冷たい元号

もう1つ、以前から違和感を覚えていたものがある。

それは今の元号（令和）。今の元号を俺は、一回も書いたことがない。使ったことがないんだよ。

どうしても必要なときは、西暦で書いている。

最初にこの元号を聞いた時、嫌な感じがしてね。非常に寒さを感じたんだよ。

そしたら案の定、今こういう状態になってる。正直、口にするのも嫌。

非常に違和感のある元号をつけてもらいましたよ。決まった時、〝冷たい時代〟がこれからくるんだろうなと予感し、覚悟したね。

第1章　勘の入り口

違和感の正体

勘が働くかどうか。そのキーポイントの1つは違和感だね。〝その〟とき、違和感を抱くかどうか。

違和感こそ勘の入り口。この場所にいるべきかどうか、何か行動を起こしたほうがいいのか否か、全ての判断材料は違和感にかかっている。

その違和感を察知するうえで、大切なのは準備なんだ。

たとえば、今日は穏やかな一日に思えるけど、もしかしたらこのあと、何かあるかもしれないなとか、あらゆる可能性を否定しない心構えというかね。まずは先に気持ちを用意する、気持ちの準備をしておくということが大事。

そんな心持ちで暮らす中、ふと違和感を抱く瞬間があって、そういう時にたいてい何かが起きる。

なぜ違和感を抱くのかというと、それが正直自分でもよくわからない。ただ、ああこれから不穏なことが起こるなとか、とにかくそう感じてしまう。

これは何度でもいうけど、自分でも不思議としか言いようがない。

ただ、日ごろから、〝不自然な〟ものに、いつも注意しているというのはある。

向こうから誰かがふらっと歩いてきて、「あれ、今、変な方向を見たな」とかね。

道に漂う怪しい気配

ちょっと前の話だけど、町を歩いていて、向こうの２つ目の路地の右側がなんかおかしいぞと、違和感を覚えたことがあった。

実際そこまでいくと、３人くらいのやんちゃな若者が、１人の老人を恐喝している。他の通行人はみんな怖いから、見て見ぬふりして通り過ぎていくんだよ。

俺はそんなの怖くないから、「お前ら何やってんの、金とるの？　ほしけりゃ俺からとりゃいいじゃねえか、このやろう」と一喝すると、若者は参ったなという顔して去っていった。

その時も、その道に漂う怪しい気配を感じていたんだよ。

当たらない銃弾

現代人は情報やらテクノロジーやらいろんな便利なものに頼って、感性が鈍くなっちゃっている。ほんと「勘」があると助かるんだよ。

これまで何度も命拾いしている。

「はじめに」で少し触れたけれど、すぐ目の前からピストルを撃たれたことがある。けど当たらなかった。弾が微妙に逸《そ》れたんだ。

ほかの人はパーッと逃げていったけど、俺は最初から、当たらないと思って動かなかった。そういう勘があった。

その時もなんで逃げないんだと、みんないっていた。あいつは〝ポン中〟だから危ないって。でも、逃げる必要はないなって思ったんだ。

その一件にかぎらず、およそ人生において逃げるって経験はほとんどないんだけど、ここにいちゃあかんっていうのはあったね。

なんかここの場所悪いな、嫌な感じがするなあって。

大波の絶体絶命

以前、雀鬼会の道場生たちと八丈島へ行った時のこと。

あいにく台風が迫っていて、海は大荒れ。とても泳げる天候ではなかったのだけれど、それでも、どれだけ海が荒れているのかを見に、道場生と10人くらいで海に突き出た桟橋に行ってみた。

さらわれたら一巻の終わりというくらいの、ものすごい高波で、その迫力にみんな大興奮。そんな中、ふと俺は桟橋の先のほうへ行ったんだよ。

俺が行くからみんなついてくる。そしたらそのすぐあと、俺たちがさっきまでいた場所を、それまで見たことのない、高波が襲ったんだ。間一髪セーフ。

栈橋の先に移動せず、そこにいたままならみんな海にもっていかれたはず。何人か死んでいたかもしれない。

なぜ栈橋の先へ移動したのか、自分でも不思議なんだよな。いまだによくわからない。

自然に体が動いたんだよ、何かに押されたかのように。まさに「勘」だった。

危険な遊び

人生は選択の連続だからね。どれを選ぶかはセンスの問題で、俺は他の人だったら損するかもって、躊躇《ちゅうちょ》することのほうをやっちゃう。

多くの人は得すると感じるほうを選ぶけど、俺は損するかもしれないと感じるほうを選ぶことが多い。そっちのほうが面白いんだよ。

危険なことやリスクのあることが、小さい頃から好きで、本当に危ないことばっかりやっていた。

それこそ井の頭線の電車が通る鉄橋の下にぶらさがってみたり、水の流れの速い玉川上水の上にかかった細い水道管の上を渡ってみたり。

命を落とすかもしれない危険な遊びをしょっちゅうやっていた。修羅場は多く潜り抜けてきたんだけど、別に修羅場を乗り越える自信があったわけではなくてね。

きっと恐怖心より好奇心のほうが強いんだと自分では思う。楽しそうなことへの関心が人より強いんだと思う。

今も思っているのは、俺、なんで助かったんだろうっていうね。何回死んでもおかしくないことをやってきたのに、なんで生きているんだろうと。

ホワイトアウトの恐ろしさ

今から命がなくなるなって状態のときにもパニックにならず、静かに死ぬのを待っているようなときがあった。

5年ほど前、道場生たちと海でシュノーケリングしていたら大きな横波が来て、7メートルくらい体を持っていかれた。大波が岩にぶつかり、周辺の大きな岩を巻き込みながら、濁流となって、俺の体は海底に叩きつけられた。その波をもろに食らったのは自分だけ。

大きな横波が来るだろうなっていうのは先に読んでいたけれど、タイミングが悪かった。海の中は真っ白、ホワイトアウト。洗濯機の中みたい。そこに俺はいるわけだ。運悪く俺の左足には大きな岩がのっていて、右手は岩に挟まっている。まったく動けない。

もうだめだな――死を覚悟すると、今まで亡くなった人のことなんかが、どんどん頭に浮かんでくる。

頭の中は妙に冷静だった。

俺がこうなっているからといって、絶対誰も助けに来ちゃだめだぞ、お前らやられちゃうから。死ぬのは俺だけで十分。二次災害は絶対だめだぞ――そんなことを考えていた。

俺は水の中にいる。でも、不思議と苦しくもなんともないんだよ。ほかのことを考えている。それが1つ目の波。

ああ、これだめだ、動けないんだし、そのうち息切れちゃうだろうし、こうやって死んでいくんだな。そういえば、うちの道場生の橋本が「会長は病院で死ぬより海で死ぬほうがいいですよね」なんて言ってたな。あの野郎の言ってたとおりになっちゃった、ああよかった、よかった――。

そんなことを考えていたら、2つ目の波が来た。

その波がでっかい岩をぼこぼこ吹き飛ばしてくる。

それが頭にでも当たったら意識がなくなってしまうから、頭だけは手で守っていた気がする。やべえなって感じがあった。

このままここにいるのかと思っていたら、3つ目の波が来た。

すると、その波がなんと足の上の大きな岩をどかしてくれたんだ。ずらしてくれた。その隙に左足を抜いた。

海の中は依然、真っ白。白いとこは濁流で泡立っていて、上下の方向もまるでわからない。

黒いところは普通の海の状態だから、少なくとも方向感覚を取り戻せる、海面がわかる。

白い中を必死に泳いでいくと、黒いところが見えて、そこで大丈夫だと思って水上に出られた。

「うわー！　会長が出てきた！」ってみんなの大歓声。

1発目でやられて、2発目がくるダブルパンチ。3発目が助けてくれるって何よって感じだよね。

これは勘がいいから助かったという話ではない。これも不思議な話。

でもどこかで勘を働かせていたから、そこで泡くわないで済んだんだとも思う。冷静さを失って慌てていたら、海水を飲んでしまったりして、必要以上に体力を奪われていたかもしれない。

今、自分なりに分析してみると、普段から自然と同化する感覚をもっていたから、水の中が妙になじんで、命拾いしたのだと思っている。

正しく美しいものは危ない

話は逸れるけど、絶体絶命のあの海の中で、俺を助けたのは白じゃなく黒だったことがとても印象的だったんだ。色の持つイメージとして、どちらかというと白は正しく美しい、黒は悪いものみたいな印象がみんなの頭の中にあるでしょう。

白と黒は葬式のカラー、結婚式のときは紅《あか》と白だし。白馬に乗った王子様は、やっぱり黒い服ではなく白い服を着ている。

でも俺はそうじゃないって感じているんだ、逆に白って怖いなと。

真っ暗の中を歩いていてもパッと視界が開けるというときはあるよね。

あるいは、逆に真っ暗の中を歩いていたら、暗さそのものは変わっていないのにだんだん目が慣れて周りが見えるようになる。

でも、白は絶対に慣れない。ホワイトアウトの中では慣れない。

物事は、今だっていう時と、こっちだっていう方向があって、方向と時で成り立っているものだけれど、その1つ、方向というものを失っちゃう。

ちょっと飛躍するけど、「白いもの＝正しく美しいもの」には、怖い部分が潜んでいることを体感したね。成功、正義、優しさ……どれも正しく美しいものとされているけど、そういう〝常識〟とされているものを疑ってみる視点は、勘を磨く上で重要だなと思っている。

集団で気配を消す

雀鬼会では、年の暮れに旅館に泊まって忘年会をするのが恒例行事。ある年、集団で気配を消すという遊びをしてみたんだ。

合宿の参加者は約50人。その中の15人くらいの酒好きが部屋で飲み会をしていた。この飲み会に参加していなかった俺は、「これから飲み会をやっている部屋に気づかれないように潜入するぞ」と4人を誘った。計5人で計画実行だ。

手始めに、飲んでるやつらの部屋に向かって砂利を投げた。

まさか部屋の中に砂利が飛んでくるわけないと思っているからだろう、彼らは砂利を投げ込まれたことに気づかない。

それから俺を先頭に一団が、ふすまを開け、慎重に匍匐《ほふく》前進で部屋に侵入。彼らが飲んでいる部屋の目の前に敷いてある布団のところまで到達した。飲んでいるやつらとの距離は1メートルもない。

彼らの中の５人くらいは体と顔が我々がいる方向を向いているんだよ。酒飲みながらこっちを見て話したりしている。中には俺と目が合っているやつすらいる。なのに、彼らは俺たちの存在にまったく気づかない。

子どもがかくれんぼするみたいに息を殺してはいるんだけど、俺一人で行動しているんじゃない、ほかに４人もいる。

俺は自分だけでなく、細かく指示をしながら、残りの４人の気配も消しちゃった。自分たちを布団と同化させたんだ。

俺らの前を通りすぎてトイレに行くやつもいるんだけど、行く時も戻ってくる時も気づかない。

我々の目の前に灰皿を置いてタバコを吸ってるやつもいる。俺もタバコをつけてその灰皿を使ったが、それでも気づかない！

一緒にやってる４人が「会長、なぜ我々は気づかれないんでしょうか」ってあとで驚いてたよ。

人間の意識なんてこんなものなんだ。相手の意識の外にいれば、わからないんだ。向こうは視界には入っているはずなんだけど、その目が見ること、認識することをやめちゃって、こちらも気配を消しちゃっている。

こんなことというとあれだけど、気づかない人の勘が悪いというよりも、桜井章一だからできることだと思う。

１００人いれば、１００人全員ばれますよ、きっと。

若い頃から、そうやって気配を消して人に近づき、驚かせるのが好きだった。

なんでそんなことできるのかといわれても困ってしまう。不思議しかないんだよな。でもあえて説明すると、どこでもその場に流れる空気感というものがあって、それを乱さないようにすれば、気づかれることは少ない。

呼吸とリズムを合わせてその場に溶け込み、同化するんだ。

同化のポイント

合宿では、俺はよく海で泳ぐんだ。海に行ってちょっと深いところに入っていくと、魚の大群がいる。大きいのもいれば、小さいのもいる。

その大群の中に入って魚と一緒に泳げるのは俺だけ。後ろから俺についてきているやつも同じようにしたいんだけど、そいつが入っていくと魚がみんな散っちゃう。ハマチの大群みたいなやつ。魚って人間が嫌いで、見ると逃げていくもの。

我々人間は一番魚から嫌われている。きっと魚だけでなく動物全般からだけど。それなのに、俺だけ中に入るのを許してもらえる。

みんなびっくりしているんだ。「どうして魚の大群の中に入れるんですか」って。

あるとき海に入ったら、クロダイとかおいしそうな魚が泳いでいた。俺がクロダイを岩場のほうへ自然と寄せていって岩壁のところまできて、俺がストップと心の中でいうと、クロダイは動かなくなる。

そこで道場生が、岩場の上から銛《もり》で突いて魚を捕まえた。その日の美味しい晩飯、お刺身になりましたよ。たくさんは捕らないけど。

なんでそんなことができるのかというと、やっぱり俺がその場に同化しちゃっているからなんだ。同化するには、自分は人間だぞなんて存在を誇示するんじゃなくて、魚に対して「仲間に入れてください、許してください」という気持ちがないといけない。

ある意味、人間を捨てている。人間という嫌なものを捨てなければ、そういうことはできないんだ。

第2章　感覚の世界

力を入れることを体が拒む

「どうすれば、桜井会長のようにそんなに勘が鋭くなれるのですか、強くなれるのですか？」

そんなことをよく聞かれる。

自分でも、どうしてそうなのかは明確に言葉で説明できない。

言えるのは、自分がこれまでどういう考えをもって生きてきて、どんな体験をしてきたか、そして今、何を思い、感じているのかということだけだよね。

俺はねじるという行為が嫌いなんだ。ペットボトルも開けられない。

冬なんか灯油缶が家にもあるけど、その灯油缶もほとんど動かすことができない。

力を入れることを、体が嫌がっているんだ。

要するに、パワーが嫌い。

そうすると必然、感覚でやるしかなくなってくる。

若い頃ケンカもよくやったし、強かったけど、いつも力を入れないでやっていた。

力というとまず筋肉、それと最近は呼吸の力なんてものもいわれるけど、俺に言わせると、呼吸関連でよくいわれる丹田なんかないね。

武術家が使っている言葉なんてほとんど〝看板〟で使っているんだよ。

ある古武術の有名な先生がやって来て、うちの道場生と相撲をとったことがあったんだ。そしたらコロコロ負けてんだよ。うーん、うーんって、なんで自分がやってきたことが通用しないんだろうって考えこんじゃっている。

一度だけでなく、何回も相撲をとるんだけどダメ。そんな人がテレビに出ているんだよ。

俺から見てると手品をやっているようなもの。古武術が手品みたいなものなのか、それとも手品を古武術と偽って用いているのか、わからないけど。

たぶんその人の古武術への飽くなき追求はセンスがあってやっているんじゃなくて、なにか劣等感があって、強さへのあこがれから生まれたんだろう。

俺の場合、優越感があるわけじゃないけど、劣等感もあまりない。

体格でいえば身長は１８０センチを超えているし、どちらかといったら恵まれているなとは思うけれど。

自然は大先生

俺の先生、師匠は自然なんだ。

太陽であり風、雲、水であり、多くは摑《つか》むことができないもの。でも、なにか我々に恵みを与えてくれている。

なに一つ欠けても人間は生きられないでしょう。生命の素のようなもの。

自然はすごい先生。その先生たちを日々すごく観察して参考にしているんだ。

よく、政治家なんかでも決断ができないとき、占い師とか宗教的な人のところへ相談しにいくじゃない？

俺はそういうところへは行かず、自然から答えをもらうやり方をする。進むべきか戻るべきか、止まるべきか。高僧なんて存在はいらないんだ。

風や木々、葉っぱなど自然界にあるものの動きは、とてもなめらか。

ギアチェンジのヘタクソなドライバーが運転する車のような、ガタンガタンした、ぎこちなさがない。

実にスムーズで無駄のない動きに見えるんだ。

川の流れ、泳ぐ魚たち、風に揺れる枝……とても美しい動きだよね。

一言でいうと妙な力みがないんだ。

麻雀においても、「こいつは強いな」と思う相手はみな、力みがなく、勝ちに急ぐ下品な威圧感がなかった。

静かで柔らかく、それでいて速い。実に自然な、スムーズな牌の打ち方をしていた。

本当に、自分を信じることができている人は、変な力みや、ぎこちなさをまったく感じさせない。生き物たちのような自然な動きができていれば、〝自信〟とか〝信じる〟なんて感覚を仰々しく抱えている必要はないんだよ。

弱さと力み

何か自分の弱みを隠そうとしてる人ほど、力みが入っているね。それがときに癖になって表れる。貧乏ゆすりをしたり、体が傾いていたり、人によってさまざま。

麻雀をしていると、それがよくわかる。強い打ち手はみな、癖がなくて**自然体**だよ。相手の弱さを表す癖に気づくきっかけは、やはり**違和感**で、そのためにはまず、自分自身が力みのない**自然体**であることが前提条件なんだ。

森の木々も草花もサバンナに暮らす野生動物も、海辺に打ち寄せる波も海中で生きる魚たちも、すべてが自然な流れの中で動き、その生をまっとうしている。

自然界のさまざまな動きは、体から強張《こわば》りを取り、心身の柔軟性と平常心の大切さを気づかせてくれる。

真剣勝負をしているとき、多くの人はカッと目に力が入っている。でも、目に力を入れれば入れるほど、心と体は硬くなっていき、勝負に大切な柔軟性を失ってしまうんだ。

人間は柔らかく生まれて、硬くなって死んでいくもの。

赤ん坊のときは誰しも体が柔らかいのに、老人になると硬くなる。体だけでなく、心や考え方も硬くなってしまうんだ。

耳を澄ませば見えてくる

意外に思うだろうけど、勝負において大切なのは目ではなく耳。**耳を澄ませ**ば、余計な雑念が消え、その場の状況を冷静に把握できるようになる。五感が自然に鋭くなり、体の全部が澄んでくるんだ。

人間が海や山、川などの**自然に触れる**と心が落ち着く理由の1つには、自然の静寂がある。静寂の中に身を置くと、小さな音もクリアに聞き取れる。これが、心が澄んだ状態だ。**自然体**。

荒れた海の激しい波を目の前にし、「恐ろしい波だな」と恐怖感があると、波の音はとてもうるさく耳に響くもの。

けれども、激しい波を見て、「すごいな、かっこいいな」と魅了されていると、その風景と自分が**同化**して、うるさかったはずの波の音が自分の中から消える。

自然の偉大さの前に、恐怖心を含めた自意識が消え、**心の澄んだ状態**になるんだよ。

麻雀においても、**澄んだ心の状態**で対局していると、周囲が多少うるさくても、相手の牌を打つ音がクリアに聞こえて、大きな手を狙っているなとか、まだテンパイまで遠いなとか、精神状態も含めて相手の状況がわかるようになる。

相手の調子だけでなく、自分自身の状況も自分で把握できるようになる。

俺の場合、自分の手牌や相手の捨て牌をじっと集中して見ることはしない。麻雀卓をボンヤリ眺めるような感覚でいるんだ。

よく少年野球の監督が「しっかりボールを見て打て！」なんて、子どもに偉そうに言っているけど、目に力を入れると体の動きが硬くなり、逆にピッチャーの投げるボールを捉えられなくなってしまう。

目ではなく、**耳で見る**ような感じを心がけるべきで、目にこだわりすぎると、本質を見誤るんだ。

判断に迷ったら自然に触れるべし

自然に対する感性を高めることは、本当に多くの恵みをもたらしてくれる。

もし、あなたが人生の岐路に立ち、どう判断し行動していくべきか、どうこの難題を「捌《さば》く」べきか迷ったら、自然と触れ合えばいい。そこで得られる心の透明さは、冷静で正しいジャッジを下すことを手助けしてくれるはずだよ。

少なくとも、俺の場合はそうだった。

自然から多くを学びとり、それを生かしていることに対して、「それは桜井会長が特殊なのであって……」という人もいる。

でも、そういった感性、感受性は本来すべての人が持っているもので、現代人はすっかり便利になった社会の中で、その感性を見失っているだけ。

俺はそれを失わないようにするため、日々、自然の中に入っていったり、自然と触れ合ったり、観察をしているんだ。

自然を感じるために、どこぞの植物園や、わざわざ遠くの山へいかなくてもいい。都会の会社員で、自宅と会社の往復の中で、ほとんど自然らしい自然に触れる機会がない生活を送っていたとしても、雲や風の流れとかなら感じられるはず。

家にいたって鳥の鳴き声を聞いたら、どこにいるのかなと探してみる。意外と見つからないものだよ。葉っぱに擬態している鳥もいるからね。

ほかにも、最寄りの駅まで続く道の、アスファルトの隙間に咲く小さな雑草の花。多くの人は気づかないでしょう。

そんな誰にも相手にされていない、弱くて小さな存在に目を向けていると、今度は老人や体の不自由な人、ホームレスといった社会の中の弱い存在に目が行くようになる。そういった繊細な感受性を育むことが、多くの気づきにつながっていくんだ。

エメラルドグリーンの奇跡

自然から学んだことはほかにもある。

真夏の太陽を見れるかといったら、サングラスでもかけないかぎり、まぶしくて直視できないでしょ。直視したら目が焼けちゃう。

でも俺は直視できるんだ。なんで見れるかわかる？

「抱いてください」というような気持ちで入っていくと、抱いてくれるんだよな、太陽が。

そして、さっと脱力するとすぐに太陽が黒く見えるようになる。黒だと、まぶしくないから見ていられるんだ。

それが数秒たつと、黒からエメラルドグリーンに色が変わる。

一番見ていて気持ちいい色ですよ。目に優しい。

もう何分だって見ていられる。

道場生たちも俺と同じようにやってみるんだけど、なかなか見れない。頑張ってやってみても、いいとこ黒く見えましたぐらい。

なかなかエメラルドグリーンまではいかない。

太陽がエメラルドグリーンの色に見えたからといって、それがなんだ、なんの役に立つんだとお思いでしょう。変わった特技をお持ちで……ということで終わってしまう話かもしれない。

面白いのは、この太陽がエメラルドグリーンに見えたときに、体に変化が現れることなんだ。

俺は、体中あちこち骨を折っているし、歩くのがダメ、イスから立ち上がるのすら、正直つらい。だから階段なんか、とても上れない。

ところが、エメラルドグリーンの太陽を見たあとだと、子どものときみたいに走って階段を上れるようになるんだ。そして走って降りてくる。

80歳近いこの俺の、壊れかかった体が、明らかに軽くて動ける体になっているんだ。

たぶん、体の中のエネルギーが変わるのだろうな。

もう一度いうけど、別に太陽が直視できたってだけじゃ意味がない。

できなかったことができるようになった、不可能なことが可能になったということが重要なんだ。

このことから俺の中で導き出せたことは、だったら練習しなくてもいいだろってことなんだよ。努力もいらないじゃないかっていう。

練習してできるようになったものなんてそこそこのものなんだっていうね。それを超えたところに感覚の世界、感覚の動きというものがある。

手の甲側は感覚の世界

感覚の世界というのは非常に興味深いものがある。

人はみな、手で摑《つか》むという行為をとても大事にし、信頼を置いているよね。摑むことが一番強いと思っている。

「目の前にきたチャンスをしっかり摑んで離すな」なんて、選手やら部下に熱っぽく話す監督とか上司がいるでしょう。

俺に言わせると、それは間違い。

道場生相手にたまにこんな遊びをしているんだ。

次のイラストのように２人が片方の手のひら側を互いに上下に重ね合わせる。

上の手の人が、下にある手首をぐっと下へ押さえつける。

下の手の人は、上にある手をはね返そうとする。

しかし、なかなかうまくはね返せない。

力がぶつかりあって、力が釣り合っているんだ。

今度は、下の手の人が、その手を甲の面を上にして、力を抜き、はね返そうというより、単純に腕を上げてみる。

すると、上に乗せた手はあっさり弾きとばされてしまうんだ。

なぜ、手のひらでなく、手の甲の面を上にすると、そんなことが起こるのか。

この現象も正確には言葉で説明できない。

ただ、手のパワー（筋力）の問題ではない。

むしろパワーはゼロ。極力パワーをゼロにし、いわゆる無というところにする。

俺に言わせると、弾きとばされた手は、その手の持ち主の力で動いているんだ。

相手が相手の力で勝手に動いた。

まったくもって不思議な話。

この手の遊びをよく道場を訪れた取材者なんかに見せるんだけど、みんな驚いて、不思議顔になる。なにせものすごい勢いで弾きとばされるから。

俺には、この無から起こる現象がとても面白いんですよ。

手の甲側（感覚の世界）がもつ不思議な力

①

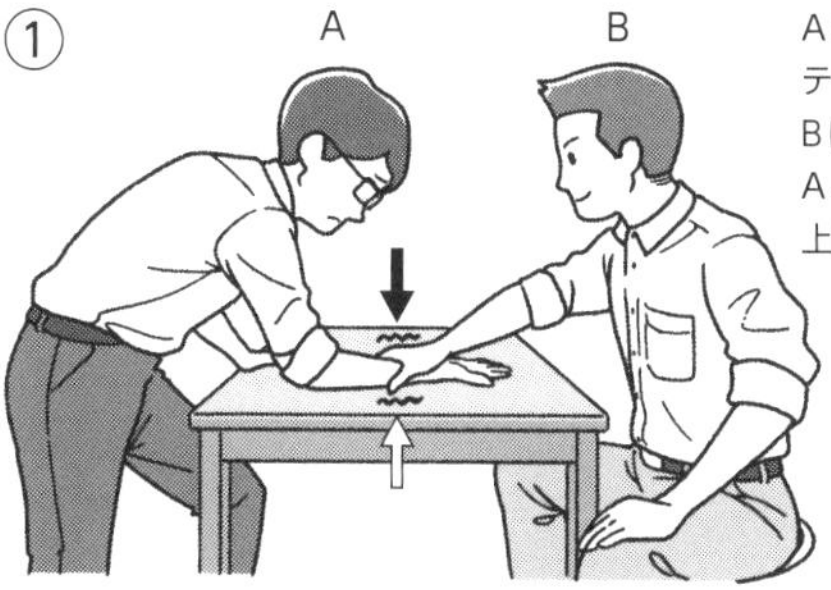

Aが手のひらを上にした状態でテーブルに腕を置く。
Bは Aの手を上から押さえつける。
AとBの力は釣り合い、Aは腕を上げようとしても、上がらない。

②

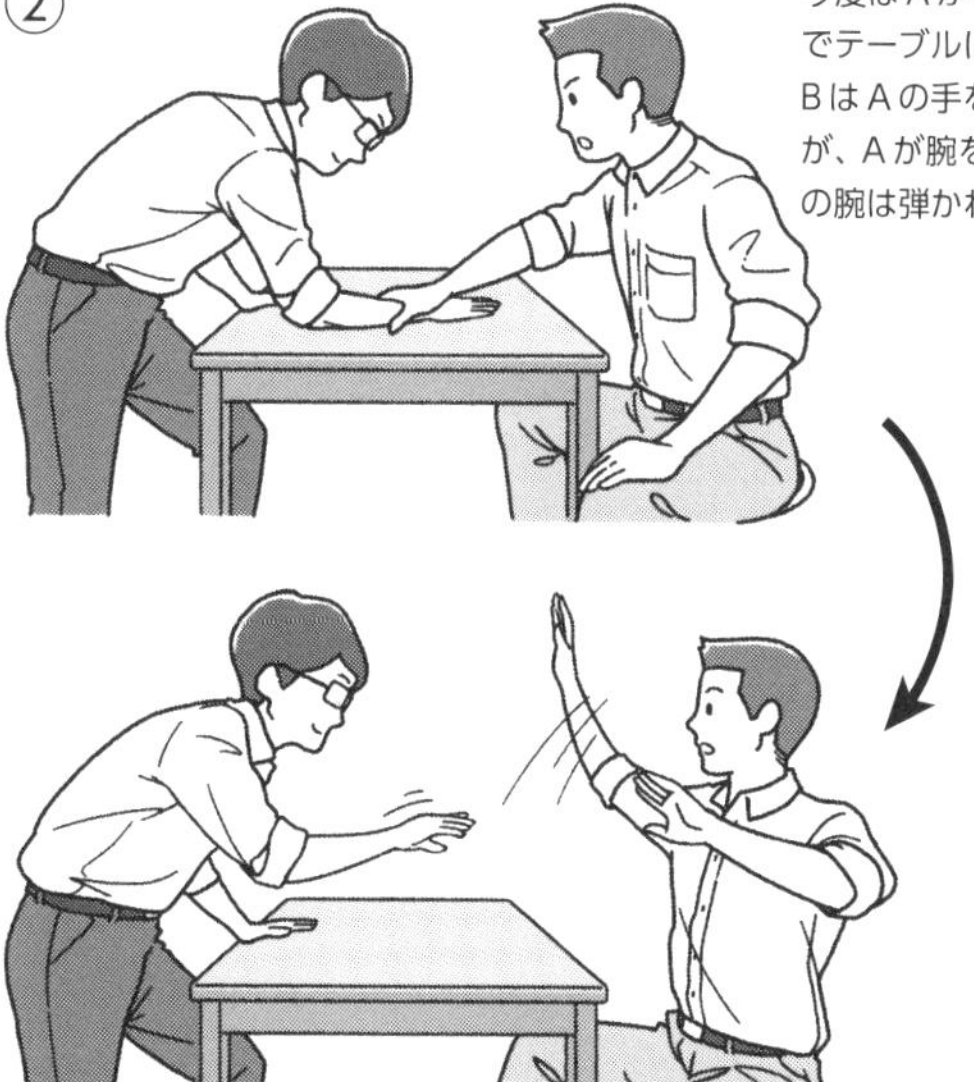

今度はAが手の甲を上にした状態でテーブルに腕を置く。
BはAの手を上から押さえつけるが、Aが腕を上げたとたんに、Bの腕は弾かれてしまう。

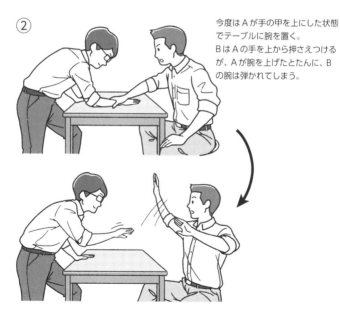

そして、ここに**感覚の世界**がある。

手のひら、内側はものを摑めるし便利だから、こちら側を使いたくなる。文字も書ける。当たり前の感覚。実際、手のひらを使う行為は、人間は他の動物より達者だよ。

一方、手の甲側では、人はものを摑めない。ホールドできない。できるのは**触れる**ことだけ。

しかし、この**触れる**というのが、**感覚の世界**なんだ。手の甲側は**感覚の世界**。一見何もできなそうなのに、ものすごいことができる素地をもっている。

手のひらは、いわば力（パワー）の世界。

手のひら同士で摑み合う対決は、単純に力と力の勝負になってしまう。

相手にも力が入っちゃうから、先述した遊びのように、多くは拮抗して終わり。

だから、摑みにいってはだめなんだ。

手の内側には「便利と利用」が待っているだけ。

技術はいらない

スポーツは基本的に摑む世界。努力の世界。筋肉をつけてやろうとか、鍛えてやろうとか。でも、そういうのはいらないんだ。

もっといえば、スポーツの世界とは、技術の世界かもしれない。

でも、技術なんていらないんですよってこと。

手の甲は底知れぬ可能性を秘める感覚の世界。手のひらは、有限な力の世界。

技術のいらない世界っていうのがあって、そこが感覚の世界なんだ。

実際、プロスポーツ選手であれば、技術はあまり差がないもの。プロは、みな高い技術を持っている。

だからプロ同士の戦いは、最終的には技術を超えたところが決め手となる。

勝敗の分かれ目は、「感覚の世界」に触れられているかどうかだ。

触れるくらいの感覚

日々、道場生たちには、「摑むんじゃなくて、〝触れる〟くらいの感覚で、牌を持ちなさい」と教えている。

摑んでしまうと、そこに執着が出て、思考や動作にも硬さが出てしまうんだ。執着を省くことで動きに無駄がなくなり、思考も動作も柔らかくなってくる。

雲をふわりと手に乗せるみたいに、軽く触れるくらいの感覚で牌を持ち上げる。

すると、卓に牌を捨てるときにも、雨粒が水溜まりに落ちたときのような自然の発する音に近い、いい音を響かせることができるんだ。

プロ野球選手も守備の際、飛んでくるボールに対して、「摑みにいく」という意識でやっていないはずだよ。むしろ「**触りにいく**」という感覚に近いと思う。

「摑みにいく」感覚だと、上手くボールをキャッチできない。

「**触りにいく**」**感覚**だと、体が流れる動きになって、ボールの流れと一体化していく。

全体が流れている中では、体もやはり流れていないといけなくて、物事は流れの中で力を抜いて処理するものなんだな。

ただ、力を抜く、脱力するというのは意外と難しい。力を抜こうと思うのではなく、体の動きを流れるようにするという感覚を持ったほうが、実際に脱力できる。

摑むことの弊害

「**触れる**」という行為に関しても、やはりお手本は自然。

水も風も太陽の光も、この世界に**触れる**だけで、摑もうとはしていない。魚や動物は獲物を摑むけど、ほんの一瞬であって、基本的にいつまでも摑んだままということはない。

摑むという行為は一種の固まった状態であり、臨機応変には動けない、硬い動作。

人間においては、とらわれている状態ともいえる。

人間関係においても、摑んでいる、摑まれている状態というのは互いに精神的によろしいものではないでしょう。双方疲れてしまう。

俺も麻雀を打つときは、勝機を摑むのではなく、勝機に触れるという感覚でやっていた。麻雀は変化が激しく、勝機は現れてもすぐに抜けていってしまうものだから。

麻雀に限らず、仕事でも恋愛でも、何かを得ようとか、成そうという気持ちを持つと、どうしても力が入ってしまうよね。摑もうとしてしまう。

頑張るとか努力するとかいう行為は、それに近い。

だけど、力を入れれば入れるほど疲れるし、心も体も強張って思うようにことが運ばず、結果的にあまりいいことにならない。

大事なのは、力を柔らかく抜くこと。それには目的や行為の対象を摑みにいくのではなく、触れるという感覚で臨めばいいんだ。

しっかり摑んだほうが、頑張っているように、努力しているように見える。けれど、そのことによって、五感の中にある「触れる」という感覚を押し潰《つぶ》してしまっている。

力を込めた頑張る生き方から離れて、そっと触れる感覚を取り戻せば、どんな物事もスムーズに成せることを体は教えてくれる。

精一杯頑張ります！　なんて力んでいう人がたまにいるけど、ウソっぽいよね。

「力み」にはウソが入り込んでいることが多いんだよ。

反対に、「感覚の世界」「自然」には力みがない。力みがないからウソがない。

川を流れる水の音に力みはないでしょ。力が入ったものはたいていウソだよ。

違和感を外せば自然体に近づく

自然体、自然な感覚についてもう1つ。

自然な感覚を身につけようとするなら、自然な感覚を探すというより、違和感を外すことを意識的にやっていったほうが、結果的に近づけることができる。

日常生活で違和感を覚えることはたまにあると思うけど、そういうものを自分から遠ざけていくんだ。

たとえば、違和感を強く感じる人とは極力会わないし、なにか気持ち悪さを感じる仕事は、しないようにしていく。

そうやって違和感のあるものを外していくと、感覚が気持ちよくなるゾーンがなんとなくわかってきたりする。

気持ちいいときは、思考や知識によって感覚が閉じておらず、感覚が自然な状態にあるときだよ。それは感情を超えている。

思考や知識は、得とか損の概念を生み出すけど、頭で計算して前へ進むより、感覚が気持ちいいほうへ進んだほうが本当は気分よく生きられるはずだ。

だけど多くの人は、得なほう便利なほうに進むことが、気持ちがいいことだと勘違いしてしまっている。

摑みにいく社会

あらためていうけど、感覚は摑めるものではなく、あくまで**触れる**もの。

よくアスリートが「感覚を摑んだ」と言ったりするけど、ほんとうにそうであるなら、感覚を摑んだという動作の再現はいつでも可能ということ。

正確に何度でも再現できれば、スランプに陥ることなどないはずだが、実際はそんなことはない。

しかし、摑むという行為は現代人の特性をよく表している言葉だよな。老いも若きも、「結果がすべて」「勝つことがすべて」と、得ることにしゃかりきになっている。

メディアも勝ち組とか負け組とか変な言葉を生み出して、やたらと競争をあおる。

勝利至上主義に毒されているのが、今の社会だよ。

経済的なものが最重要視される世の中にあって、みんな「誰よりも多く得たものが勝ち」といわんばかりに、〝分捕り合戦〟をしている。

みんな一生懸命、〝摑み〟にいってるよな。

退院後のゴルフ

少し前、俺はある病気を患って入院していたんだけど、退院してすぐ道場生たちと相撲をとった。病み上がりなのに、いつものごとく全員倒してしまった。

次にやったのは、ゴルフ。家の近くにゴルフのショートコース（全9ホール）があるんだ。俺、ゴルフいやなんですよ、なぜかというと、ゴルフって、権力者やお金持ちが始めたスポーツだから。

初めてゴルフをやったときのこと。俺がグリーン上に打つと、ゴルフ場のスタッフがグリーン周りの茂みに隠れていて、ナイスショット！　なんてやってる。そういうのがすごくいやだった。

だからあんまりゴルフは好きじゃないんだけど、ショートホール（カップまでの距離が約90メートル）くらいなら子どもの遊びの延長くらいかなって、1人でたまたま行ったんだよ。少し動きたくなったのかな。

そしたらゴルフクラブを振れないんだよ。ふらついちゃって、スイングができない。振ろうとすると、ゴルフクラブの重さで前に倒れそうになっちゃう。

これは打つの無理だなって帰ろうとしたんだけど、不調なら逆に面白い。どうにか打つ方法を考えてみた。

それで、ボールを見ずに感覚だけで、練習なしで打ってみたんだ。見事当たって、結構いいとこ飛んだなと思ったら、なんとホールインワン！

今までにホールインワンなんて一度も経験ないよ。

体調がよくてやったときに出来なかったものが出来た。

退院直後で体が弱っている状態で、力じゃどうにもならない。

仕方ないから感覚だけを頼りに打ってみたら、そっちのほうがいい結果が出たんだ。

不思議なんだよ、結局、最後まで回ってしまった。

ちょっとしたスロープなんかもつまずいて歩けないから、カニ歩きでいったよ。

最初はボールを見るんだよ、１回は。でも１回見たら、あとは見ないで頭の中の感覚だけで打つ。面白いなと思ったね。

感覚には欲もないし、良いスコアを出そうという思いもない。それどころか１人で１ラウンド回れるのか、というところだよ。

なのに終わってみたら、今までにない良いスコアが出ていた。

道場生たちにそのスコア見せたら、みんなびっくりしてたな。

結局、思い切ってスイングなんかしたら、1ホールや2ホールでダウンだよ。どこか体を痛めたかもしれない。

人間の意識っていうか、考えることはいかにダメかっていうことを自分自身、あらためて気づかされたね。思考と視覚情報に頼りすぎているんだな。

実際の目で見るのでなく、**感覚の目**で見ることで人生助かったことが、今まで何度もあった。

ただ、思考と視覚情報にとらわれちゃだめなんだけど、一方で自分の感覚を過信して失敗しちゃう人もいる。

柔軟性とか適応性とか、そういう要素をもったうえでの感覚を作っていくんだ。やっぱり、感覚が鈍いというか、どんくさい人はだめだね。

自分を消せば感じられる

俺のところには、経営者、宗教家、スポーツ選手など、いろんなジャンルの著名人がやって来る。

俺の感性から、何か自分の人生や仕事に役立つヒントを得ようとしているのだと思う。

たしかに、俺の「感性」「感じる力」というのは、自分でも不思議に思うほどだ。

結局、俺が麻雀で20年間無敗だったのは、この「感じる力」があったからだと思っている。

正直にいって、相手がどれだけ手が進んでいるか、どういう手牌でどんな牌を待っているのかといったことのみならず、相手の精神状態まで感じ取っていたから、負ける気がしなかった。

この「感じる力」は、超人的というより、動物的な力だと自分では思っている。

この力を鍛えるのに有効なのは、相手の心を読む訓練。

具体的には、人に会う時に、相手に関する情報を一切捨てて会ってみる。相手の心の動きに自分がどう反応するか、試してみると楽しいかもしれない。

そこには1つポイントがある。

さまざまな場面で、自分を一番ではなく、二番に置くこと。つまり、「自我」を捨てればいい。そんなふうに「自分を消す」ことで、初めて感じられることがあるんだ。

牌捌き

俺は麻雀を打つとき、牌を持たない感覚で打っている。

持たない感覚でいるから、指先に挟んだ牌をほとんど手も指も動かさないまま、気配を消して180度クルっと素早く回転させることができる。

これを「牌捌《はいさば》き」と呼んでいる。

しかし、持っている感覚だと、これほど軽くて小さい牌でも、途端に指先や腕や肩に微妙な力が入る。

力が入ると体が揺れる。揺れると体や心の軸がブレて、バランスが崩れるんだ。これは麻雀に限らず、バランスが崩れると、動きが大きくなり、隙ができる。いい麻雀が打てなくなるというわけだ。

次の変化に対応するためにも、小さく動くことが重要なんだ。

この「牌捌き」はけっこう難しい。

日々、牌に触れている雀鬼会の道場生でもできない。どうしても気配が残っちゃうんだな。

「牌捌き」は、技術ではない。技術であれば練習すれば多少なりとも身についてくるものだけれど、一回まぐれでできても、2回目はできなくなる。成功が続いたことはない。

ある道場生はこんなことを言っていた。

「会長しかやり方がわからないです。うっかり家で練習すると、間違った練習になって、より遠ざかってしまう。肩が上がったり、肘が動いちゃう。気配やら違和感やらいろんなものが残っちゃうんです。それでも、できたときは自分でも『えっ』という感じ。全くコントロールできない。会長に教えてもらったことを忘れてやっています。教わったとおりにやろうと意識するともっとできない。やる瞬間、忘れるんです。そうやって、たまたまできるときがあっても、次からはやり方を考えるからできなくなる。成功したときのことを思って」

この「牌捌き」は、道場生には、もう無理だから教えないようにしてる。

サッカー選手が、ボールをまたぐフェイントを体が覚えていてほとんど無意識でやれたりするけど、そういうレベルじゃない。それは訓練でできるようになること。

「牌捌き」は訓練ではできない。練習しようがない。練習しても無意味。

まさに「感覚の世界」の話で、運動神経のよさや手先の器用さとか、一見有利に働きそうに思える才能も逆に邪魔になるんだ。

スポーツの世界はある程度までは自分で訓練して上達するけど、麻雀は感覚の世界が重要なので、訓練ではあまり上達しない。

たとえ、ある人に感覚として今日教えても、明日その人が使うときにはすでにテクニックになってしまっている。感覚は感覚でわかってほしいのに。

当然、再現性も低くなるだろうし、それでは、「感覚の世界の住人」にはなれません。

心の不純物

牌を持たない感覚というのは、心になにも持っていないときに持ち得るもの。

逆に牌を持っている感覚があれば、その人は心に何か持っている。

なにがなんでも勝ってやろうとか、自分の強さを誇示しようとか、そういう思い。

しかし、そんなものは勝負において一切余計。そんな不純物が心に多いほど、その麻雀は汚くなるし、大きくブレる。すなわち打つ麻雀が不自由になるんだ。

牌を持たない感覚で打っているときは、自由な心で自在に麻雀を打てているということ。臨機応変に自在に打てるから勝負にも負けない。

人は何かを持ちながら新しい動作に移ろうとするとき、持っているものの制約を受けるよね。

一方、何も持っていない体は次の動作にスムーズに移れる。体の動きはすべて滑らかな曲線でつながるんだ。

牌を持たない感覚で打つという話は、麻雀の話を超えて、現代社会の生活にもつながっている。

われわれ現代人は物質的にも精神的にも多くのものを持ちすぎている。持っているものが多すぎて、自由さを失い、息が詰まったような生き方をしている。

物にしろ、知識にしろ、持てば持つほどいいことだと思い込んでいるからにほかならないのだけど、実際は逆。

離すまいとギュっと「摑んで」しまっているから、力がますます入って身動きがとれなくなっているんだ。

第3章　勝負の世界

苛烈な代打ちの世界

俺が長い間、身を置いた裏社会の麻雀の代打ちという世界。

負けても勝っても殺される可能性のある、はっきりいってヤバイ世界だよ。

一般の表の社会だって、政治家が自殺にみせかけて殺されたり、企業にだって公にできない黒い話がザラにあるのに、ましてや裏社会。

政治家やヤクザをはじめ、各界の権力者、官僚、資産家など財力を持つ人たちが集まり、さまざまな利権や巨額のお金を賭けた麻雀の勝負を、その人たちの代わりにやるんだ。ヤバくないはずがない。

巨額のお金が動くとなれば、強い代打ちをそれぞれが用意する。

俺は新宿の歌舞伎町をホームグラウンドにした、その中の1人だったわけだ。

勝負は勝てば安心というわけでもない。勝っても帰り道は危ない。負かした相手に仕返しで襲われたりするからね。

負けて片手をとられた代打ちもいる。

そんな大金がかかった大一番の勝負だけど、いざ勝負が始まると、お金がかかっている気がしない。

始めると、お金というものが一切なくなっちゃう。

純粋に麻雀やっているだけなんだ。

考えないようにしていたわけじゃなくて、そういう設定が抜けちゃうんだな。

「下手すれば命がなくなる」という大勝負もいくつもあった。

勝負前の精神状態

そんな勝負の前、どういうメンタルで臨んでいたか。

それは、「やっぱし、負けるんじゃないか」という不安と、「いや、俺が負けるはずがない」という自信の、いったりきたり。何分おきかぐらいで、極端に揺れ動く。

相反する思いが、両方出てくるんだ。

対戦相手のことも、どうしても頭に浮かんできてしまう。

でも、プレッシャーっていうんでもない。

勝負の現場に行くまでは、揺れ動いていた思いも、勝負の場に立つと「もうやるしかない」というものになって、いざ勝負が始まっちゃったら実行するだけ。

俺は、負けたら死のうと思っていた。死なないまでも、もう新宿にはいられない、自分で消えようというのはあった。

普通の人なら頭がおかしくなるような状況だとは思う。

消える3大欲求

勝負の直前になると、人間の根源的な３つの欲がどんどん消えていくんだ。

食欲・睡眠欲・性欲の３つ。

決勝戦を明日に控えたスポーツ選手が緊張して夜眠れないというのとは違う。自然に心と体がそういうモードに入っていくんだ。

何日もそうやって寝ない、食べないの状態でいると、五感がものすごく研ぎ澄まされていくのが自分でもわかる。

大勝負前のそういった状態を人に話すと、「疲れるでしょう?」ってよく言われるんだけど、逆なんだよ。

まるでドラッグを打っているような状態、いわゆる覚醒しているんですよ。

ドラッグはやったことはないよ、一切。自分の中で覚醒している状態。

だから、隠されている対戦相手の手牌や、相手の心理状態など、本来見えないものも見えたりするんだろうな。

ドラッグをやっている人は、電信柱に何か止まっているだとか、幻覚を見て興奮状態になっておかしなことを言い出したりするじゃん。

俺のは興奮じゃないんだ、覚醒。冷静です。ものすごく冷静で、リラックスしている。

その覚醒状態で、麻雀を打つのは気持ちがいいんだ。

ただ気持ちいいからといって、ずっと打っているわけにはいかない。

時間との闘いでもあるんで、だからずっと勝ち続けちゃうんだ。

相手は実際、ドラッグやっている人がいたかもしれない。隣の部屋に休憩時間にいくと用意してあったりしたからね。

俺は一切そういうのはやらないから、いらないんだけど。

準備の時から覚醒しているわけだから、実行の時も当然覚醒している。

その覚醒状態っていうのは、勝負が終わっても３日くらいはそのまま残っている。

そういう時は一人になりたい。誰かがいても一人。ある意味、すごい孤独。

だから本当に〝打てる〟人に会うと嬉しくなるんだ。

陽炎打ち

「こいつ打てるなあ」ってやつはめったにいないけど、何人かはいたよ。

その人らは見ているだけでかっこいいんだ。

自分と同じくらいの技量を持っている。精神性も含めて。

そのクラスになると、向こうも俺の手が見えているし、こっちも向こうの手が見えている。

互いにオープンリーチしているようなもんだ。

昔、ある対戦相手が俺の打ち方を見て、「陽炎《かげろう》打ちですね」と言ってきた。すごい打ち手だったけど、俺の動きがまるで見えないというんだ。

こっちからすれば、その相手も陽炎のような動きをしていて、まるで合わせ鏡のようだった。

互いに牌を打つ動作が静かで速くてスムーズ。そばで見ている人は何がどう動いているか目で追うことができなかったと思うよ。

野生動物が獲物を捕らえるときに忍び足でそーっと近づくように、一流の勝負師は動作のみならず、気配も消すんだ。

裏麻雀の代打ちなんて壮絶なプレッシャーの戦いを、「よくそんなに長く続けられましたね」と聞かれることがある。

慣れるというか、そういう状況を楽しんでいる自分がいたんだ。前にも述べたとおり、子どものころから危険なことが好き。結局は好きなこと、楽しいことを選んでいたということだろうな。

勝負における「気迫」

勝負には気迫が大事で、気迫を前面に出して相手も飲み込むなんていう人がいる。ヤクザは人を威圧する空気感を出しているけど、それはある意味、彼らのテクニックでもある。

でも、俺がやってた麻雀のように本当の勝負になると、威圧感や気迫を相手に対してぶつけるというのは、かえって弱点になるんだ。

攻略のヒントを相手に与えちゃうことになるから、気迫は表には出さない。

ただ、気迫というか覚悟それ自体は、大事。

勝負を目前にしたある時、親分と若い衆とで7～8人で固まって、向こうから歩いてくるヤクザの集団に出くわしたことがあったんだ。

ヤクザだって一発でわかるから、みんな、見て見ぬふりしたり、端に寄ったりして、彼らのために道を空ける。

でも俺はその時、「よし、このヤクザの集団の真ン中を突っ切ってやろう」と思ったんだ。「この真ン中を突っ切れないようじゃ、麻雀にも勝てねえ」と。

本当に真ン中を歩いていくと、ヤクザもビックリしてる。

そりゃそうだよね、避《よ》けていくのが普通じゃない？　どこの鉄砲玉ともわからないし。

そしたら、ヤクザの固まりが2つに割れていったんだ。モーゼの海割れのように。「勝負師に受けはあっても逃げはない」は俺の言葉だけど、やっぱり逃げの姿勢というのはあまりよくない。

麻雀の世界は厳しい。勝負の世界に生きるというのは本当に厳しい。俺の場合はそれを選んじゃったから、しょうがないなと。

感情から力みをとる

勝負において、柔軟性が大事だと言ったけど、柔軟性は臨機応変、適材適所という大事な2つのものにつながっていく。この3つは一連の要素。

しかし、スポーツでもなんでも勝負の最中、緊張で、身体が硬くなってしまうこともあるだろう。心が強張り、力んでいる状態だよ。

この状態から抜け出すには、1つには「感情から力みをとる」ということを、自分の概念として持っておけばいい。

喜怒哀楽、いろんな感情があるけど、「あいつにだけは絶対に勝つ」とかいった力みを伴った激しい感情は、勝負には足かせとなるんだ。プラスの感情でも、マイナスの感情でも。

もう1つは、自然の力を借りること。

俺はたまに道に落ちている木の葉や石ころを無意識に拾うことがあるんだけど、大勝負の時、服のポケットにそれらが入れっぱなしになっていたことがよくあった。

それに気づくのは、いつも勝負が終わったあと。自然と触れ合っていたいという思いが、無意識のうちにあったんだろうな。

そうやって自然とつながっていたことで、柔軟性を失わず、勘が冴えたのだと感じている。

やっぱり自然は偉大なんだ。勝負の時に緊張しがちな人は、日ごろから俺と同じように実際にポケットに木の葉を入れておくのもいいし、持ち歩かなくても心に〝木の葉〟を忍ばせて、自然体を意識しておくのがいいんじゃないか。

「攻撃は最大の防御なり」は本当か

攻撃は最大の防御なりという言葉がある。これは正しいね。攻めていくという気持ちは大事。

たとえ、鉄壁のブロックを敷かれて劣勢にあっても、そこをどうにか凌《しの》いでいく。

気持ちが守りに入ると、弱くなるんだ。

俺はよく勝負師には、勇気と素直が大事といっている。素直な人は強いです、素のままだから。いろんなものをつけ加えるから逆に壊れちゃうんだ。

メジャーリーグの選手なんて筋肉のよろいをまとっているのに、すぐ体を壊すでしょ。肉離れとかいってケガをする。そうすると選手として長くはもたない。

勝負師の条件の1つに、リスクを背負えるというのがある。

リスクを背負えるというのは、不安と恐怖心が抜けた状態。

やっぱり不安と恐怖が邪魔をする。

でも、それはもう人間として、いやが応でも持っちゃうもの。

だから、不安と恐怖を薄くしていくことだね。

そのために必要なのはちょっとした勇気。勇気がないと薄められない。

ではその勇気はどこから出るのか。

それは、やっぱり「楽しさ」「好奇心」「遊び心」だよ。

たとえば、渓流下り。怖いよ。岩もあるし。

ただ、それを怖いと思うか、面白そうだなって思うか。その違いだね。

子どものころ、たくさん危険な遊びをしたと言ったけど、いつだって、不安や恐怖心より、遊び心が上回っていたんだ。

別に、不安や恐怖心が消えたわけじゃない。

80年近く生きているけど、その遊び心は子どものころから変わらない。

危険なことや危ない場所に行って、それを凌いで戻ってくるから、おおすげえな、勇気があるなってことに周りからはなる。

素直な人・ビートたけし

素直さといえば、ビートたけしさんのことを思い浮かべるね。

以前、雑誌でビートたけしさんと対談して、その際に一緒に麻雀を打った。

最初は俺が入って、そのあとに雀鬼会の若い衆３人とたけしさんでやったんだ。この３人は雀鬼会でもトップクラスで本当に強い。

１回も上がれなくて当然だろうと思っていたら、たけしさんは３回連続して上がっちゃった。

それでうちのメンバーがビックリして「会長、信じられないです、何なんですか」って。

俺は一緒に麻雀を打てば、たいていその人の性質がわかるんだ。

俺が入ってたけしさんと打ったとき、他に2人いたんだけど、この2人からはどうにかして俺に勝ってやろうという不純なものが見えた。

だけどたけしさんにはまったくそれがなくて、彼の持つ余裕や素直さ、シンプルさだけが感じられたんだよな。

たけしさんが3連続でリーチをかけてきて2回くらい上がったけど、その素直さゆえに彼が何の牌を待っているかは全部わかった。その牌を言い当てたら、本人驚いていたけど。

メジャーリーグに行った野球選手なんかとも麻雀したけれど、その人は1回も上がれなかった。

メジャーリーガーっていったら勝負師じゃない？　でも野球でそこまで勝負していながら、〝勝負〟が弱いなと。

今までいろんな人と打ってきたけど、どういう人なのか訳のわからない人のほうが多かったね。

たとえばプロレスラーの人だとかヤクザの人だとか勝負強そうに見えるけど、いざやってみると意外と度胸がない。

たけしさんの場合、度胸や勇気を自分の柔軟性の中に隠していて、それでうちの若い衆にしてみれば何だろうって思っちゃったんだ。

たけしさんのような素直な人というのは、一般的には勝負弱いと思われがちだけど、結局最初から勝ちたい、勝ちたいと思っている卑しい人が行けるレベルはそこそこで、彼みたいに根っこの部分が素直な人のほうが長い目で見ると強くなるんだ。

弱気と迷いは負けの素

たけしさんは勝負師で、勘が鋭い人だなって思うんだけど、その理由の１つは、それこそ、リスクを背負えるというところ。麻雀でもそうだけど、リスクを背負えないと勝負師じゃない。

リスクという通り道の先に勝負というのがあって、それを避ける者に勝負はないんだよ。

リスクは価値観と一緒で、損か得かで避けてしまうのが普通の人の感覚だけど、勝負師からみると喜びなんだな。リスクのないものをやったって少しも面白くない。

その点、たけしさんは平気でリスクを背負える人なんだと思う。

そして、選ぶということが普通の人より的確で、判断する目がかなり鋭い。

勝負において、「弱気と迷いは負けの素」で、普通の人は経験したことで、考えすぎたり、怖さを感じて弱気になったり、情報がたくさんあって迷っちゃう。

麻雀でも、俺なら仮に1000の情報を持っていたとしても、990は捨てちゃって、10くらいの中から的確なものを選んでいく。

それを1000の情報から選んでいたら、頭が混乱して的確なものが選べなくなってしまうんだ。

たけしさんはシンプルさが根っこの部分にあるし、状況判断に優れていて、変な余分なものを捨てられるから、きっと勝負強いんだよ。

それが、自分の自信につながっているんじゃないかな。その自信がお笑いや映画の世界も含めて勝負する上での余裕につながっているのだと思うな。

判断力というのは、これまでたけしさんが数々の修羅場というものを見てきたり感じたりしたことで培われたものなんだろう。

勝負師と情報と勘

俺のことでいえば、自分はもとから強い人間というわけではなくて、日々の選択によって強くなっていったんだ。

日常生活において危険と安全とがあったら瞬間的に危険なほうを選んでいたことが多くて、それが結果的に強さにつながっていっただけのこと。

だからたまに弱者のほうの論理を取ってしまったときは、すべてを失ったような気になるし、俺って弱いなと思うよ。

勝負において肝心なのは**勘**であって、考えて出す答えよりも、**勘**のほうが正しくなってはじめて勝負師といえるんだ。

勘が外れているうちは、情報にとらわれて的確な判断ができていないということ。たしかにわからないうちは何でも考えなきゃいけないけど、ある程度のレベルにいくと今度は考えちゃいけない。

競馬でいうと最初に見た時、これだと思った馬がいても、競馬新聞かなんか見て、「あれ、こっちのほうがいいかな」なんて考えだして、迷いはじめる。

さんざん考えた挙げ句、結果は外れ。最初にピンときた馬に賭けておけば、当たっていたのになんて話はよくある。

外れたのは、自分の「**感じる力**」を信じていないからだね。感じる力が弱いからじゃなく。

勘を鍛えようとするなら、いつだって、「**感じる力**」を働かせて、行動と一体化させる訓練をすることだ。まずは、自分の「感じる力」に素直に耳を傾けることからだよ。

危険でも下がらない

勝負事は何でも相手があってのことで、勝負の上で前に進むことには危険がともなうことを、みんな経験の中で知っている。

それで一歩下がろうとするんだけど、下がれば相手が一歩進んでくるだけだから、相手に間合いに入られてしまい、それが負けにつながっていく。

だからどんなに怖くても危険であっても下がらずに、一歩前に進む気持ちが大切。たけしさんなんかは自分の感性の中でこういうことを知っていて行動しているんだと思う。

たけしさんがお笑いや映画の世界で成功してきたのは才能っていえば才能だけど、これでよしって気持ちがなくて常に前進する気持ちが強かったからなんじゃないかな。ミスしてもとにかく前向きにっていうね。そしてお笑いならお笑いだけの業界人間になることが非常に嫌だったんだと思う。

だからこそ他の分野を学んでいくしね。ただ、彼自身もむやみに勝負してない。そして勝負の前にはえらい長い準備期間があると思うんだ。

「準備、実行、後始末が物事の在り方」は雀鬼会の鉄則だけど、準備という部分で必死で勉強していると思う。必要以上にね。

そんじょそこらの男で満足しないところがたけしさんのよさだよね。勝ちたいとかそんな卑しい気持ちじゃない。

そんじょそこらの男になりたくないってだけのことでね。そしたら、そんじょそこらの男じゃない男になっちゃったっていう。その気持ちが彼の勝負強さの根底にあるって気がする。

厳しさの先にある覚醒ゾーン

ある知人の話。

彼は基本的に麻雀が弱い。そんな彼が友人と徹夜で麻雀を打っていた。夜中の２時３時になると睡魔が襲ってきて、なんだか弱気になってくる。

仲のいい仲間もその時間になると、眠くてみんな無口。

ゲームとはいえ、険しい顔をした友人たちと黙々と麻雀をしているその状況が怖くなってくる。

その睡魔が消えて明け方5時ごろ、彼は急に次に何の牌が手に入ってくるか、ツモる前にわかってきて、緑一色とかめったに上がれないような役ができてしまった。

そういうことが度々あるというのだ。

この現象の理由は、俺に言わせると、彼が覚醒状態に入っているから。そういうゾーンというのがあるんだ。

厳しいところを乗り越えると、そこには覚醒が待っている。でもたいていの人は苦しいところでやめちゃう。

たいていの人は眠気に負けて頭がこんがらがっていっちゃう。そこを乗り越えていくというのがなかなか難しいね。

意識でそこを乗り越えていかなきゃいけないんだけど、やっぱりある程度、精神的なタフさというか、そういうものがないと、覚醒にはたどり着けないよな。

心の揺れ

あるマスコミの人にこんなことを聞かれた。

「心や気持ちが揺れるのは、よくないといいますけど、いっそ、心や感情なんて持たないほうが強くなるのでは？　喜怒哀楽は邪魔なんじゃないでしょうか」

それは無心でいいんだよ、というのが俺の答え。

無心の中からでも喜怒哀楽は出てくるんだ、振動のように。実はそれが結構まともなんだね。

無心の中から出てくる喜怒哀楽は自然体。動物にだって心はあるという話だよ。人間でいうところの心とは違うかもしれないけど、逆に彼らは我々人間よりももっとすごく感じられるんだ。

第4章　「勝負と感覚の世界」の住人たち

イチローは「感覚の世界の住人」

感覚を大事にしている「感覚の世界の住人」。野球界では引退してしまったけれど、イチローだと思う。彼の試合は何度も見に行ったよ。

子どもたちを連れて、オールスター戦を見に行った時のこと。松井秀喜《まついひでき》など当時のスター選手が何人も出場していたけれど、子どもたちにこう言ったんだ。「とにかくイチローだけ見ていればいいよ。ほかの選手は見なくていい。彼の動きを見ていれば間違いない」と。

「**準備・実行・後始末**」というのは、雀鬼会がとても大切にしていることだと言ったけれど、彼ほど「**準備・実行・後始末**」をやっている選手はいないんじゃないかな。試合前の準備、試合中の実行、そして試合後のケア、自分の体調をベストに保つために管理を怠っていない。

イチローの動きを見ていて素晴らしいと思うのは、次に起こるだろう展開を感覚でとらえ、勝負の「いざ、その時」に備えていること。

外野で守っていたって、実際に打球が飛んできてから本気を出すのではなく、その前からヒザの屈伸や上半身のストレッチをしたり、グローブをポンポンと叩いて感触を確認したり、守備位置を確認したり。スローイングのシャドウをしたり、最終的にはホームに投げるのを一回やってみたり……。

常に体を動かして、ファインプレーのための準備をしてますよ。待ち時間の中で彼は全部やってる。

そもそも、守備に入るときから違う。ベンチからライトの守備位置までほぼダッシュ。守備回が終われば、また走って帰ってきますから、彼は。ベンチを出るのも誰より早い。

他の選手はジョギング程度の速さ。守備位置についても何も準備運動せず、突っ立っていたり、攻撃回でも、バットを振るときになって初めて、準備運動をしたりしている。

きっとイチローは、いつも「走る」ことが頭の中にあるんだろうな。いざ、全力疾走が必要になったときに、それが確実にできるようにと。危機管理能力と勘が秀逸なんだ。

力みのないバッティング

バッティングでも、おそらく打席に入る前にすでに打つ瞬間のイメージが作れているね。

試合前のバッティング練習なんか、軽々とスタンドオーバー。なんで試合のときにホームランを打たないんだよって思うくらいに。脱力した、力みのない円を描くようなスイングをしているんだ。

彼の柔軟性も特筆すべきポイントだね。体が柔らかいほうが、打球もよく飛ぶ。彼の動きは俺が大事にしている、「自然体に近い柔らかい動き」。

普通のスポーツ選手は筋力に頼った動きをするけど、彼は筋力ではなく感覚で動いている。筋力は力みにつながり、力みは心身の強張りとなる。フィーリングや身体のしなやかさを大切にしていたから、40歳をすぎてもメジャーリーガーとして活躍できたんだろう。

ベンチにいるときだって、彼は絶えず首や肩、指先を動かしながら次の準備をしている。他の選手がベンチに深く座り、休憩モードに入っている横で。彼も休憩はしているが、それでも試合の流れを見通すべく、目や耳といった五感は働かせている。

イチローには「感覚の世界の住人」としてだけではなく、勝負師としてのすごさも感じるんだ。

勝負に守りはない

スポーツも勝負の世界の1つだけど、スポーツは「攻め」と「守り」の2つの要素で、成り立っているとされている。特に野球やアメリカンフットボールなど攻撃するターム、守備のタームと明確に分かれている競技もある。しかし、本来、勝負というものに「守り」はない。攻撃が勝負の基本で、守りはないんだ。

イチローはライトの守備についていても、きっと〝攻撃〟している。「俺のところに飛んで来い、飛んで来い、アウトにしてやる」って。守備回でも、メンタルは攻撃的姿勢。だから、あのような素晴らしい動きができるんだ。

勝負師にあるのは、「守り」ではなく、「受け」。相手の攻撃に対して、柔らかく、厳しく対応することが「受け」。「受け」は、相手の攻撃力をそいで、次に自分が攻めやすくするための「攻撃」なんだ。

守りは弱者の発想。守りとは、いわば「逃げ」の姿勢。俺が、野球チームの監督なら、自チームが守備につくときには、「しっかり攻撃しろよー」と言うよ。「しっかり守れよー」ではなくてね。

「逃げ」の気持ちは、冷静さを失わせ、敵を実際より大きくさせるんだ。すると、「正確に対処する」ことができなくなるんだよ。

「逃げ」が敵に背中を見せることに対して、「受け」は、相手を正面に見据えたまま冷静に半歩下がるようなもの。その間合いであれば、相手に隙があれば、即座に攻撃に移れるんだ。

本当に強い人間、本物の勝負師というものは、準備を怠らず、成し遂げ、後始末をおろそかにしない。準備が「間に合わない」うちに勝負に入ったら、勝つことなんてできない。しっかりと後始末ができなければ、結局、次の準備も間に合わなくなってしまう。**「準備・実行・後始末」**を**「間に合う」**ようにやるというのが鉄則なんだ。

プロ野球界には、王貞治《おうさだはる》さんや長嶋茂雄《ながしましげお》さんとか名選手がいろいろいるけど、やっぱりイチローだね。全然違う。

ヒクソン・グレイシーという本物

ブラジリアン柔術家で総合格闘家のヒクソン・グレイシー。彼とは長年交友関係を続けてきた。出会ったきっかけは、ある雑誌の対談だったんだ。「本当に強い人間」というものを、いつも見定めようとしているけど、初めて会った時から、こいつは「本物」だと思った。

最初に握手した時、手の柔らかさに驚いたよ。「体も触らせてくれる？」って触らせてもらったら、やっぱり体もものすごい柔らかい！

「SAME《セイム》、SAME、同じじゃない」。お互いそこで感じあう、惹かれあうものがあって、一気に仲良くなっちゃった。

俺は手のひらを含めて、体がかなり柔らかいんだけど、ヒクソンも強いのに柔らかい。柔軟性というのはとても大切なこと。勝負事のみならず、何につけてもね。

彼の発する言葉になにか素晴らしいものを感じたというより、やっていることの一つ一つが、もう自然と一体化していて、力みはないし、実にかっこよかった。

今まで、社会的に成功しているさまざまな分野の著名人たちと会ったことがあるけれど、ヒクソンのような強さを感じた人はめったにいない。鋭い五感を働かせながらもとても穏やかなんだ。

俺にはオーラのようなものは見えないけれど、人としての強さをもつ者が発する空気感は感じ取ることができる。ヒクソンと付き合いを重ねるうちに、彼がいかに勘が鋭く、素晴らしい人間性の持ち主であるか、そして、彼がなぜ強いのかがわかってきた。

俺は**「自然こそ我が師なり」**と言っていて、自然から本当に多くのものを学んでいるんだけど、彼は自然の動きができる、きわめて少ない格闘家。

マシンや器具などは使わず、自然の中で森の木や海の波などを相手にトレーニングしている。彼も知っているんだろうな、自然こそが最高の先生であることを。

自然の力を自らの体で体現できるから、相手がパワーで攻めてきても、筋力ではない、自在な対応で相手を力感なく倒してしまうんだ。きっと相手にしてみれば不思議でしょうがない。

「集中は拡散なり」

アメリカのロサンゼルスにある彼の家に遊びに行ったことがある。家の裏には山があり、目の前は海。サーフィンをやったり、泳いだりして一緒に遊んだんだ。

ある時、レストランで食事をしていると、ヒクソンが「桜井さん、イルカ、イルカ」って海に向かって指さす。そしたら海の中からイルカがジャンプしてきたりね。見てから指をさしたんじゃない。いつも、四方八方に目と気を配っていて、その視野にふと入ったから言ったんだよね。

海の砂地を歩いていると、今度はパッと砂地のある部分を指さして、「桜井さん、ここ、カニいるよ」って。さらに、カモメが飛んでくると、彼の上でカモメがグルグルと回っている。パンをくれるのを待っているんだけど、それが彼とカモメとのコミュニケーション、キャッチボールなんだ。

彼がイルカやカニを瞬時に発見できたのは、集中力といえば集中力なんだけど、ちょっと世間でいう集中力とは解釈が違う。集中というのは一点に向かっていく類いのものではなく、拡散なんだ。いわば「**集中は拡散なり**」。

もう少し具体的にいうと、池に石を投げると円形に波紋が広がっていくじゃない？あれが集中。

あの丸く広がっていく範囲は全部自分の範囲、領域なんだよ。どこまでもっていうんじゃない。自分の目や手が届く範囲。それぐらいの広がり。

キレイなフレーズには要注意

一点集中なんて言葉がある。聞こえはいいんだけど、それでは周囲が見えておらず、実際には隙だらけの状態。一点に集中すると、それだけにとらわれちゃって、ほかのことが目に入らなくなってしまうんだ。

今この瞬間は、これが大切かもしれないけど、1分後には違うものが重要ポイントになってるなんてことはよくある。

麻雀もそうなんだけど、4人が一牌ずつ切っていって、状況は目まぐるしく変化していく。大切なものもすぐに変わる。固定観念が強い子はとらわれて、次の変化に対応できないんだ。

世の中には響きのいい言葉がたくさんあるけれど、危険なことが多いよ。耳触りのいい言葉、キレイなフレーズほど疑うべき。良いとされるものは一度疑わないとダメだね。半信半疑が大事。

一点集中とか一所懸命とかいう言葉は、一見正しく美しいけど非常に独りよがりというか、エゴな側面がある。他を思わないというね。そこにあるのは計算ずくの思いだよね。計算の中に入れちゃう。

ヒクソンの話に戻すと、彼のいる世界は総合格闘技なので、パンチもキックも飛び出てくる。タックルにくる者、摑みにくる者もいる。上下左右、いろんな方向から攻めてくる相手に対して、集中という名の拡散の目を持っていないとダメなんだ。

柔術大会での出来事

あるとき、ヒクソンがアメリカのＵＣＬＡ（カリフォルニア大学・ロサンゼルス校）の講堂で柔術大会を開催することになって、たまたまその大会に居合わせたことがあった。

会場には、リングサイドにスポンサーや親族用の一等席がある。あとはマスコミ席や一般席なんかも。

ヒクソンは俺に、彼のお父さんの横に座ってくれという。今はもうお父さんは亡くなってしまっているけど、当時90歳くらい。俺はポルトガル語もわからないし、困ったななんて思いつつ、とりあえずその席で楽しい雰囲気でいればいいかなって思って、お父さんと腕相撲をやったりなんかしていた。

腕相撲は俺が負けたんだけど、ヒクソンはそのとき、その場にいなかったのにどこかで見ていたらしく、「桜井さん、父と腕相撲していただきありがとうございました」なんて言うんだよ。「負けてくれてありがとう」って。参っちゃうよね。

ヒクソンがいよいよ花道から登場するとき、お子さんなんかと一緒に出てくる。俺はそのとき、一等席は居心地がよくなかったんで、一回トイレに行ったフリして、元いた席には戻らなかったんだ。人込みに紛れて見ているほうが気楽でいいやっと思ってね。

ヒクソンは登場したのち、リングで正座していた。正座して何を見ているのかなと、彼の目線の先を追うと、人込みの中に俺を見ているんだ。驚いたね。

飛んでるタカとかトンビと一緒なんだよね。彼はそのとき、タカになったんだなって、俺にはわかるんですよ。俺見つかっちゃうんですよ、ネズミだから（笑）。

俺の前には女房がいたんだけど、「ヒクソンさんが私に手を振ってくれた」なんて喜んじゃってる。違うのに。人がたくさんいる中、俺にだけ手を振ってくれた、そういった感性が素晴らしいやら、嬉しいやらでたまらなかったよ。

ヒクソンの観察力

あるとき、裏山に行こうって誘われて、ヒクソンと2人で山へつづく階段を上っていたら、「桜井さんちょっと待って」と言うんだ。

なんだろうなって待っていたら、彼は縄を持ってきた。何すんのかと思ったら、ちょっと折れた木の枝があって、それを治すんだという。

たしかに、そのまま放置していたら、やがてその枝はだめになっちゃう。でも普通、俺というお客さんが来てんだから、そんなことほっときゃいいじゃん。なのに、わざわざ縄を取ってきてね。

でも、そういう行動に、「おお、こいつやるな」と思ったんだ。普通は客に遠慮してやらないよ。「あと」でやればいいって感覚になるじゃん。でも彼の中であとじゃなくて、やっぱり「今」なんだよね。

いっぱいある木から1本を見つけるんだからすごい勘というか観察力だよ。感覚がいつでも働いているんだよな。

高貴な青い鳥

ヒクソンは事故で長男ハクソンを亡くしているんだ。その子が父ヒクソンの来日に同行したとき、彼はまだ子どもだった。

初めて日本の地を踏んだハクソンは、「日本人、全部が敵にみえる」と言った。続けて、「俺がお父さんを守る！」って。ヒクソンを守る人、お弟子さんとかが何人も来ているのに。

ヒクソンはというと、日本人の中にはもっと武士がたくさんいると思っていたみたい。武士みたいな凛とした男が。

そしたら商人っていうかさ、怪しいのばっかりでガッカリしたみたい。お父さんのヒクソンは、そこは理解するだろうけど、子どもからみればなんだ、これって。一人も武士みたいなやついないじゃんって。人として信頼に足るような、かっこいい武士のような人がいない、と思ったらしい。

そんな長男が亡くなったあと、ヒクソンは、息子は海にいると言った。その海のすぐそばにある山には、高い木が一本あるんだけど、ヒクソンはその木の上部、地上から10メートルくらいの高さのところに板を置いて、板間を作っていた。そこからは海が一望できるという。

なぜこれを作ったのかと聞くと、「ここに座っていれば、いつでも息子が見えるから」と言う。

その板間に行くには縄柱を頼りに上っていくしかない。上るよっていったら、俺の歳も知っているわけだから、危ないって止めようとする。

「上るよ、ハクソン見えるんでしょ」「本当に上ってくれるの？」

ヒクソンは木の下で、俺がいつ落ちてもいいように構えて待っている。上ったら鳥の糞とかいっぱい落ちている。それを全部ハンカチできれいにしてあげてね。

そんな中、ヒクソンが「息子が飛んできた」って言うから、見ると、美しい青い鳥が飛んでいる。あとで聞くと、人には近づかない神経質で高貴な鳥だという。

「桜井さん待ってて、その鳥呼ぶから。おいで、おいで」って彼が手招きすると、俺のところに飛んで来たんだ。「桜井さんだよ、お前知っているだろ」って。

何羽か飛んでいた鳥の中のその青い鳥だけを呼んで、呼び寄せたんだ。

別の日、ヒクソンの家の庭にいたときもそうだった。「桜井さん、また息子呼ぼうか」って。「桜井さん呼んでみて、きっと来ると思うよ」

じゃあって、チチチって鳥の声を出して呼んでみたら、本当に飛んできた。ヒクソンと一緒にいるときは、いつも自然がそばにある感じがしたんだ。

勝負師・羽生善治

もう一人、素晴らしい人物で、類いまれなる感性の鋭さと勝負強さを持っているのが将棋の羽生《はぶ》善治《よしはる》さん。

羽生さんと初めて会ったのは10年ほど前。羽生さんがすごいのはね、あの人40歳になってから俺のところに会いにきたんだよ。俺のことは前から知っていたらしい。でもまだ会いに行く時期ではないと、それまで自重していたという。

それで、40歳になったんで今回来ましたっていうんだ。かっこいいでしょ。将棋界の人はほとんど俺のことは知っているらしい。

その時、「そうだったの？　もっと早く来ればよかったのに」って言ったんだけど。40歳まで来なかったというその理由なんだけど、やっぱり勝負の世界は、40をすぎて第一線に立ち続けるのは厳しい。

勝負師として、それまでとは違う歩み方をしていかなければいけない時期にあった羽生さんは、俺のような麻雀打ちに何かヒントはないかと会いに来てくれたんだ。

見える将棋の勝負、見えない麻雀の勝負

将棋というのはいわば、見えているところでの勝負といえる。盤面に展開している陣形や持ち駒が相手に見えているんだ。

一方の麻雀は見えないものがほとんど。牌が積まれたヤマの中は見えないし、相手の手牌も当然見えない。だから、見えないものを見ていくというのが麻雀の一つの大事な要素。

羽生さんは百なら百、千なら千の手がぱっと浮かぶんだろう。そこからすっと選択して4つなら4つに減らす。

減らしてその中から一番いい手をなるべく選ぶようにしているのが羽生さんの打ち方だと思ったんだ。最善手を打っていくってやつ。

狭い盤面のなにかにとらわれないで、大局観とか全体感をもって読んで打っているからこそあそこまで強いんだろうな。

羽生さんがやってきたとき、彼は名人戦を控えているということだった。相手は、挑戦者・森内俊之《もりうちとしゆき》さん。

俺は会ってすぐに羽生さんに、「ああ、その勝負、負けるねえ。羽生さん負けるわ」と言った。

普通ならそういうことを言っちゃいけないんだろうけど、とにかくそんな気がしたんだよ。

なぜ羽生さんが負けると思ったのかは、自分でもわからない。感じたままを、言葉にしちゃったんだ。「悪いけどね、羽生さん、これ何勝何敗で負けるから」って。

田園都市線での不思議な出会い

このあと、ちょっと不思議なことがあった。

対談から数日後、渋谷にある病院にちょっとした検査にいって、田園都市線の電車に乗って帰ろうとしていたんだ。自分が乗った車両には、ほとんど人がいなかった。新聞を読んでいたんだけど、ガラガラの電車の中で俺の前に1人男性がいたことはわかっていた。どこかで見たことあるなあ、どこかで会ったことがある人かもなって、そんなことを感じていた。

新聞を読み終わったところ、その男の人がつかつかと俺のところに来て言うんだ、「将棋の森内でございます」って。

「ああ、森内さん！　今度羽生さんとやる人だね。あなた勝つんだよ」って言っちゃった。彼は「こんな機会めったにないんで」と言って、目的の駅で降りず、２人でしばし話すことになったんだ。

森内さんは律儀な方で、「羽生さんとお付き合いがあるようで、そこを自分がお邪魔するようで申し訳ございません」って言うんだ。だから、「いいや、そんなことを気にする方ではないですよ、羽生さんは」なんて言ってね。

これから羽生さんが対局する人と会っちゃったんだよ。40歳になったからとやっと来た羽生さんには負けるって言って、たまたま会った森内さんには勝つよって言ってるんだから、俺もひどいもんだよね。

勝負の結果は羽生さんの負け。勘が当たってしまった。でも本当にそんな気がしたというだけなんだ。名人戦があるなんてよく知らなかったくらいだから。

対局する森内さんと会うのも初めてなのに、それが電車の中で会っちゃうんだから。ほんと不思議な出来事だった。

さすがの一手

結局、羽生さんとは7時間くらいしゃべっていたのかな。そのときマスコミ関係者が一人いて、その人が今日の話は面白いので、本にしていいですかとなった。俺は、羽生さんがよろしければいいけどって答えたんだ。

そしたら羽生さんも快諾して、これが『運を超えた本当の強さ』というタイトルの一冊の本になった。

対談本なんだけど、ほとんど羽生さんが質問して、俺が答えるという形式。俺が羽生さんに聞くことが分量として少ないんだよ。八割方、羽生さんが俺に質問する形。

いざ、出来上がった本を見たら、著者の表記に羽生さんの名前が入っていないんだ。理由を聞いたら、羽生さんいわく「おこがましい」って。すごいよね。

将棋でいえば、すごくいい手を指すなって俺からすれば思うわけじゃない？

俺と羽生さんだよ。普通だったら２人が表紙に並ぶよね。２人でしゃべっているんだから。どこに羽生さんの名前が入っているのかなと思ったら表紙の裏ページあたりに、インタビュアーとして入っていた。それも小さく。

将棋だけでなく、人間的にもいい手を指すんだよ。「やっぱやるな、この人」って思ったね。

そして、今度は印税の話とかになると、羽生さんは著者としてではなく、インタビュアーとして３万〜４万円くらいもらったんだって。

印税部分はすべて桜井会長にって、自身は印税を受け取らなかったというんだ。

これもやられたなと思うわけじゃない。羽生さんには、そういう意味でやられっぱなし（笑）。

羽生さんがそういうふうに出版社サイドに要望していたんだ。

普通、要望だったら自分が得となるようにすることが多いんだよ。さすが、羽生さんと思ったね。

俺は、そういう気持ちのいい人でないと付き合わないんだ。この本の出版記念講演会のときも、講演後、羽生さんが言うんだ。「なんか2人だけで、お客さんいらなかったですね。2人でまるで炬燵《こたつ》に入ってミカンを食べながら話していた感じでしたね」って。

完全に俺と羽生さんの2人だけの世界だった。

実際は会場の紀伊國屋ホールは満席だったんだけど、お客さん関係なくなっちゃうんだよね。お客さんにサービストークをするということもなく（笑）。

2人ともそういうタイプじゃない。俺がこういうタイプだからそうしてくれたのかもしれないけれど。

俺なんか講演会で孫と手をつないで登壇したり、司会の人が俺のプロフィールを紹介している最中に、「もういい、そんなの」と自分のタイミングで登壇してしまったりする人だから。

用意されたトークテーマなんか無視するし。二人の孫と一緒に壇上に上がる人なんかいないよね。

負けても楽しい本当の勝負

対談の際、羽生さんは「勝つとか負けるといったことの先にあるものをいつも追い求めているような気がします」と言っていた。勝負の先にある、本当の勝負の存在に彼はこのとき、気づいていたんだ。

勝つことだけが勝負における目的となると、どうしても卑しくなる。勝負師なら、どうやったら勝てるかを模索するのは当然だけど、「いい勝負」をすることを考えると相手が見えてくるんだ。

「いい相手」と「いい勝負」をすると、勝っても負けても、相手に敬意を払える。勝って楽しい、負けて楽しい、その互いの喜びが本当の勝負だよね。

互いに気持ちがいいんだ。両者ともに「活き」ている。

本当の勝負というのは、「純粋」なものがあって、そこに入り込んでいくことなんだ。結果としてあとから、名声やお金とか、経済的なものに結びつくことはあるかもしれないけれど。

お金や実利的な匂いを感じさせない人が本当の勝負師。

そういう匂いが羽生さんから出ていないのもすごいし、憎らしい（笑）。

人間をやっている以上、人は皆なにかしらの勝負をしているし、しなければならないものだよな。

しかし、何十億の人間がいても、羽生さんのような本当の勝負師というのはなかなかお目にかかれない。

「男の顔は履歴書」「40すぎたら男は自分の顔に責任をもちなさい」とはよくいうけど、羽生さんは、若い頃と同じ、子どものようなとてもいい顔をしていた。

10代のころから天才棋士として名をはせ、勝負師としていくつもの死闘をくぐりぬけてきたはずの羽生さんだけど、その表情は、彼がいかにこれまで自分に素直に生きてきたかを物語っていた。**素直と勇気**は、雀鬼流勝負哲学の必須要素だよ。

政治家の野心

政治家で、俺が思う勘の鋭い人、すごい人っていうのはほとんどいない。現総理は菅義偉《すがよしひで》さんだけど、総理は政治家としての仕組みを学んで、それを知識としてやっているから、勘というものをほとんど使わないだろう。

勘でしゃべったら、言ってはいけない言葉とか出ちゃうんじゃないかな。菅さんがトップになったのは運もよかったんだろうし、社会的に上に立つ人は我々がいう勘とはまた違う要素を持っているんだと思う。

政治家なんて、野心がなければ上にはいかれないでしょ。生来の野心というのは本能から得るものだけど、政治家の野心というのはそういう言葉とは違う。欲に近い野心。貪欲だね。

かぎりない欲を持っていないと上にはいけないのが政界。野心は野っぱらの心と書くけど、そんなものじゃないよね。

コロナ対策、オリンピック開催に関しても、「菅さん、メッセージ弱いな」と国民は思っている。イライラしてるよ。

やっぱり決められないんだろうね。自分の言葉をあんまり持っていないんじゃないのかな。

菅さんは官房長官時代、安倍晋三《あべしんぞう》総理のもとでずーっとただ伝えるだけの役をやっていた。

必要最低限のことをちょっと話して、あとは質疑応答を簡素にすませて終わったらスッと帰っちゃう。単なる首相の代弁者だった。

安倍さんとかから政治的知識は学んだんだとは思うよ。政治力学的な思想・哲学とかはあると思う。じゃないと政治の中枢には食い込んでいけないからね。

寄らば大樹の陰っていう言葉があるじゃん。大木の下にいれば安心だって。自分がでかいんじゃなくて、自民党という党がでかければ安泰なんで、それをもっと大きくしようとしている。

瞬間の人・田中角栄

それでも味があったなと思う政治家は吉田茂《よしだしげる》さん、田中角栄《たなかかくえい》さん。角栄さんはここのところの歴代の首相より勘が鋭かったと思う。

角栄さんのもとには、毎朝、いろんな人が陳情に訪れていたというけど、その人たちに、無理なら無理、出来ることなら「よっしゃ、OK!」って即答しないと間に合わない。

ああだこうだ考えて「明日、答えだすよ」なんて、そんな遅いスピードじゃやってなかったんじゃないかな。

そういう意味では瞬間的な人だった。瞬間ということは勘だよな。即決断できる人っていうのは前もって準備というのがしっかりできている。わざわざ準備しようっていうんではなく、準備してあるんだよな。

たまに言うんだけど、**「瞬間は愛なり」**なんだ。「あとでね」っていうのは結局やらないことだから。「次ね、そのうちね」っていうのはやらないと同じ。

やる気がある人は、その場でやってくれるんだ。「あとでね」の「あと」はないし、「そのうち」もない。

人が簡単に使っている言葉の中にも、その人の性分とか立場がわかる。気持ちが入っていないなというのはすぐわかるじゃない？

気持ちが入っていれば、「いいですよ、いつにしましょうかね」となる。本当に微々たることだけど、そういうところに答えがあるんだ。

また、そういうものがこの本のテーマの１つである**「違和感」**というものに少なからず、つながってくるんだ。振動みたいにね。

決断なんて１秒あればいい

以前、『決断なんて「１秒」あればいい』という本を出したけれど、１秒で決断、即実行できるというのは、逆にいえば勝負の態勢（状況）がすでに整っているということ。

日頃の生活がだらしなく、準備できていないやつが麻雀だけ勝とうとしても勝てるわけがないんだ。これは麻雀にかぎらず、あらゆる種類の勝負においてもいえることだよ。

たとえば勝負の1時間前から準備を始めるのではなく、日々準備しているということ。物事はすべて、「**準備・実行・後始末**」の1クールで循環している。

準備して実行して後始末したら、またすぐに準備が回ってくる。それら3つが回転しているだけ。

角栄さんの現場感覚

角栄さんに比べたら、菅さんなんか迫力ないだろう。安倍さんもそうだったけど。角栄さんは現場感覚というのを常に持っていて、そのうえで躍進した人だと思うんだよな。現場を知っている。

現場っていうのはいわゆる国民の生活とか、そういうこと。安倍さんにしろ菅さんにしろ、そういう感覚を持ち合わせていないんじゃないかね。

角栄さんは地元・新潟の豪雪がいかに厳しいかというのをわかっていた。政治家になってからも切々と訴えていた。

今は違うだろうけど、長い間、新潟は冬になると閉ざされて陸の孤島になっていた。冬の時期はほとんど外で活動することができない。

そういう地方の暮らしの厳しさというものを知っていて、また本人自身も厳しさというものを持っていたんでしょうね。

第5章　捌く

「牌の音」を作った理由

麻雀を覚えたのは、大学生の時。

初めて見るソウズ、マンズ、ピンズといった麻雀牌の美しさに魅了され、それ以来、麻雀の世界で生きてきた。

代打ち時代は、とにかく勝負にこだわり、麻雀を打ってきた。やがて、勝負のむなしさに気づき、代打ちを引退。勝敗を超えたところで、〝美しい麻雀〟を実現するべく、麻雀荘「牌の音」を作ったんだ。

そこで、桜井章一独自の麻雀哲学〝雀鬼流〟を教える道場「雀鬼会」を起こし、今は、日々若い人たちに指南している。

雀鬼会では、牌を打つときの音を大切にしている。

牌を打つ音でその人の調子や技量までわかったりする。音にはすべてが表れるんだ。きれいな麻雀を打てばきれいな音が鳴るし、汚い麻雀を打てば、汚い音が響く。

自分の雀荘に「牌の音」と看板を掲げたのも、きれいな牌の音の出る麻雀を打ちたかったからにほかならない。

一瞬で見極める

淀みなく流れる美しい麻雀を実践するために、雀鬼会にはさまざまなルールがあるけど、その中の1つに、牌をツモってから「1秒以内に切る」というのがある。麻雀を打ったことのある人なら、いかに、1秒以内に牌を切ることが難しいことかわかるはずだよ。

1秒以内に切るとなれば、思考やテクニック、迷いが入るすきがない。いちいち考えてる時間はないんだ。

頭で考えず、**要・不要を一瞬で見極める**。感性を鍛えるとともに、場の流れをスムーズにする意味もある。場の流れを止めるのは、運やツキを呼び込む上でもマイナスになるからね。

道場生たちは日々、ツモった瞬間に何かを感じ、判断する訓練をしているわけだ。俗にエリートと呼ばれる高学歴の人は、考える分、はっきりいって判断が遅い。雀鬼流麻雀では、それでは間に合わない。

前にも話したけれど、俺は瞬間というものを大事にしているし、そこにすべてが詰まっていると思っている。その瞬間をしっかりとらえるキーは、「考える力」ではなく、**「感じる力」**なんだ。

瞬間に感じ、即実行する――雀鬼流の最も大切にしている哲学の1つだし、麻雀だけでなく人生全般にも有効なものだよ。

たとえば、電車に乗っているとき、どんな人が乗り込んできたか、どんな人が降りたかを、俺は全部見ているんだ。どんな人かは、すぐにわかる。弱っている人なのか、危ない人なのか。

危ないやつが乗ってきたときは、まずマークする。たまたまそいつが隣に座ってきたら、「俺はわかっているぞ、俺には通じねえよ」というオーラを出すんだ。

他の乗客はいざ知らず、俺はなめられないよというね。

一方、お子さん連れだったり、お年寄りだったり、そういう人にはすぐに席を譲る。

時々、電車の中で怒鳴るときがあるよ。

弱っている人がいるにもかかわらず、席を譲らないでいる人がいると、「お前らこのくそサラリーマン、寝たふりしているんじゃねえ、コノヤロウ。お前らよくそんなで仕事できるなあ」と。

「**瞬間は愛なり**」なんだ。後から考えて腹が立ってきた、なんていう人は多いけど、怒りも愛情も、**瞬間に感じて動く**、即断即決、即実行。その姿勢は自分にとっても相手にとっても大切なことなんだよ。

違和感と体捌き

第2章で「牌捌《はいさば》き」というものを紹介したけど、捌きには「体捌《たいさば》き」というのもある。「体捌き」とは、自分と相手の体を自在に操る技のようなもの。

直接、麻雀の強さにつながるかどうかはわからないけど、雀鬼会の道場では、体の「感覚の世界」を知ってもらうため、俺自身の〝遊び〟もかねて道場生とよく相撲をとっているんだよ。

相手の体をパッと見ると、相手の体の弱いところがわかる。

なぜ見つけられるかというと、そこに違和感があるから。たとえば肩とかヒザとか、何箇所もある場合もある。

若い道場生との相撲遊びだけど、彼らは80歳近い俺をまったく倒すことができないんだよ。道場生のみならず、100キロを超す格闘家を押し飛ばしたこともある。

「体捌き」のコツの1つは、脱力と先述したような流れの動作にあるんだ。

体から力みをなくして、全身を柔らかくしたところで、腕とか足とか腰とか体のある一部分の力を使うのではなく、体のすべてのパーツを柔軟性の中につなげて、流れるように連動して使うんだ。

はた目には、何もしていないように見えるみたい。

合気道や武術を習ったことはない。「体捌き」は、子どものころやった木登りや遠泳なんかの遊びから自然に覚えたものなんだ。

もう1つのコツは、相手の軸を取ること。弱い人は軸がしっかりしていなくて、また簡単にその軸を奪われてしまう。

急所を攻撃されることも大きなダメージとはなるけど、軸を取られたときに勝敗が決するんだよ。軸を取られるとダメなのは、それによって体のバランスが大きく崩れるから。

バランスが崩れれば体を思うようにコントロールできなくなり、場合によっては動くことができなくなる。

強い人は、相手の軸を素早くとらえることができるんだ。

言葉で説明しても、なかなか伝わらない感覚かもしれない。

それでも、「体捌き」を道場生に教えるときには、〝一口〟入れる気持ちで動けばいいって言っている。

以前、格闘家の中邑真輔《なかむらしんすけ》に、ヒザ蹴りを教えるときにも話したんだけど、〝全力〟で蹴ろうと軸足のヒザを大きく踏み込むのではなく、ほんの少しだけ〝一口〟、ヒザを動かせばいいいんだって。小さい動きのほうが、逆に威力のある蹴りができるんだよ。

蹴りに限らず、思い切りパワーを出そうとすると、人の体は力んでしまい、かえって持っている力を１００％出すことができないんだ。

力みを消すイメージ術

イメージを使う方法もある。

パンチを出すとき、急な坂道を上るとき、いろんな場面で有効なんだけど、現実に動作に入る直前、パンチなら腕、坂道上りなら足を一瞬だけ早くイメージの中で出す。そうすると、実際の動きが軽くなる。

要するに、何かをしようと目的意識を持つと、体が硬くなり、力んだ動きになるけど、イメージして意識を一瞬先に飛ばすと、目的意識から体が解放され、力みのないスムーズな動きになるんだ。これも不思議な話。

自然に着想を得た「体捌き」の遊び

「牌捌き」と同じように、うちの道場生でも偶発的に「体捌き」ができることがある。しかし、連続してはできない。

再現できないのは、道場生が頭でこれを理解しているからだろう。

脱力と柔軟性と流れの動き――やはり「感覚の世界」なんだよな。

道場生とは一般的な感覚からは理解できない不思議な「体捌き」を使った遊びもしている。

これは、自然に着想を得た「体捌き」の遊び。

道場生5人を一列に縦に並べ、触れもせず、彼らを枯れ葉のようにコロコロと投げとばすというもの。

実は彼らには、前から〝枯れ葉〟のような存在になるよう、体をほぐしながら気のようなものをその体に吹き込んでいる。

狭い道場の中、彼らは俺の思うように自由自在に転がされてしまうんだ。

にわかには信じがたい不思議な現象。その場面を目撃し、？マークを顔に浮かべていた、ある編集者にも体感してもらったことがある。

この編集者はキックボクシングを習っているということだったので、ガードの構えをしてもらい、俺が顔に当てないように、顔の横へ「体捌き」によるパンチを繰り出した。

彼はスパーリングで、プロのパンチも体験したことがあったというけれど、まったく反応できず、後ろに弾きとばされたんだ。当たってもいないのに。

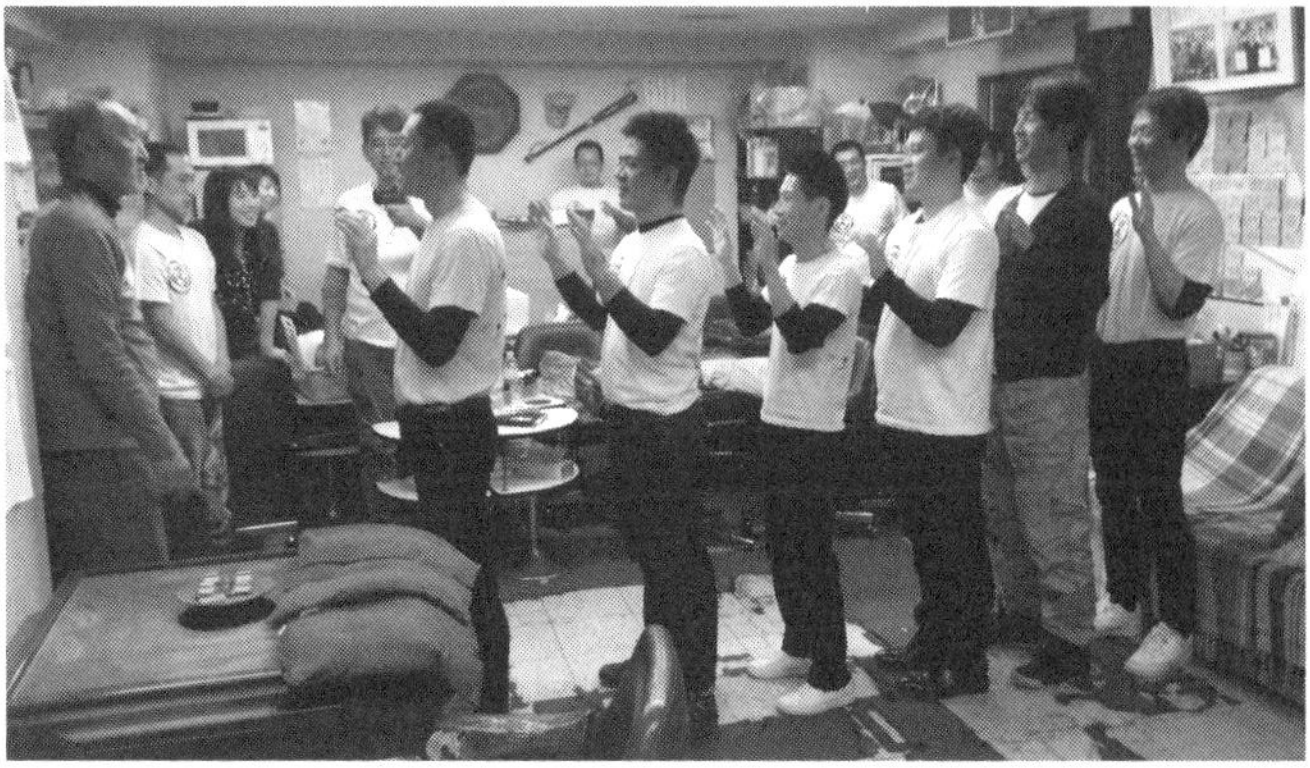

「体捌き」の遊びで、“枯れ葉”の気を吹き込まれた道場生が一列に並ぶ

“枯れ葉”たちは、手をかざすだけで風に吹かれたかのように後方へふっ飛んでしまう

彼いわく「目の前に小さな台風のようなものが現れた。圧倒的ななにか。会長の年齢を考えれば、少しは対応できるかと最初思ったが、全然ダメ。対応とかそういうレベルのパンチじゃない。体ごともっていかれる。はっきり言って人間ワザじゃない！」。

実は、このパンチに少しだけ〝枯れ葉〟の気を含ませていた。

体に触れてもいないのに、彼に気が入り、もはや〝枯れ葉〟状態。

その後、体が硬くて前転すら怖くてできないという彼が、イスやら麻雀卓やらで狭い道場の中、俺に思うがままにヒラヒラと転がされてしまう。〝枯れ葉〟のように。

一通り遊びが終わったあと、彼は言っていた。

「自分でも信じられないが、転がされているのに、なぜかとても気持ち良かった。体が硬いから転がされるのは危ないし、ワイシャツも汚れるから嫌だなと思っていたのに、いざ会長に転ばされたら、イスや麻雀卓にもぶつからずくるっと回転してしまう。まるで自分の体じゃないみたい。自分の体が軽く柔らかくなって、転ばされてもまったく怖さも痛さもないから、楽しくて笑顔になってしまった。会長、訳がわかりません。困りました」

「困っちゃうよな」と俺は笑った。

この転ばされているのに、なぜか楽しくて笑っちゃうというのは、先の〝枯れ葉〟

の道場生5人の反応とおんなじ。

この道場生5人には、固まって動けなくなるという〝術〟的なものも、よくかけている。申し訳ないけど、ちょっとした俺の〝おもちゃ〟になっている。

ただ一つ、この道場5人組は俺の「**感覚の世界**」の仲間であり、誰でも〝気〟が通るわけではなくて、したがって誰でも〝**枯れ葉**〟になれるわけではないんだよ。

みんな信頼のおける、一番危険なときにいてくれるナイスガイ。

ちなみに〝**枯れ葉**〟組の彼らは普通の人と相撲をとると圧勝するけど、そんな彼らがまったく勝てない、〝風〟の人物もいる。もちろん俺が仕込んだ（笑）。

習っていないのに強い

「体捌き」は若いときから、喧嘩になると自然にできたんだ。俺1人で5人ぐらいの相手と喧嘩しても、結局5人がそこに倒れることになる。

自慢話みたいで申し訳ないけれど、格闘技とかまったく習っていない、いわば素人がやるところがすごいでしょ。そこなんだよ、面白さは。

「会長、こんなすごいこと、動画に撮ってYouTubeとかにアップしましょうよ」と言ってくる道場生もいる。

きっと動画で公開すれば、もっとどういうことか伝わると思うんだけど、一般の人に広く知らしめたいという気持ちはまったくないんだ。この道場だけにあればいい。**この不思議な「体捌き」**を楽しむ人もいるけれど、いぶかしがる人もいる。正直、ヤラセと思われてもいい。そんなものは、どうでもいい。

柔道でもなんでも、すぐ広めることを考えるでしょう。でも広めちゃいけない。ここだけの仲間の中だけで共有できればいいと思っている。

普通は倒して喜ぶもの。なのに、みんな倒されて喜んでいる。笑っている。大事なのはそこ。本当のところまでいっちゃうと、勝者も敗者もないんだよ。

無心になれる「心の捌き」

80近くになって正直、歩くのがダメ。イスから立ち上がるのすら、つらい。

実は、「体捌き」に加えて、「心の捌き」という無心になる方法もあって、この2つを用いると、歩くことすらしっかりできなかった俺の体が、信じられないくらいキビキビしたスピーディーな動きに変わるんだ。道場生は見慣れているからあれだけど、初めて見た人はビックリすると思うよ。

では、無心ってどうやって作るのか。これは、両手を合わせるだけ。これだけで無心ができる。

拝むってあるじゃない。あの両手を合わせるポーズで、次のイラストのように両手の親指を中に入れたときに自然に両手の人さし指の先がつけば、それは無心状態が完成しているということ。片手でもできる。

「体捌き」と「無心になる心の捌き」、体と心の両方の捌きで、若返ったかのように一気に動ける体を自分で作れちゃうんだ。

無心になると変化が生まれてくるというのは、不思議な現象でなぜそうなるかはやっぱり説明できないんだけど、面白いことだよ。

「会長、いつもその『体と心の捌きの手法』を使えばいいじゃないですか」と、道場生たちは言うんだ。

でも、これは普段あまり使わないようにしている。普段使ったらズルいので。普段は多くの70代の人と同じく不自由でいいんだよって、年相応の体の不自由さを楽しんでる。

ところで、「捌く」っていうのは、何かを解決できるということだよな。

〝裁く〟という字を当ててもそんなに意味は大きく違わない。日々いろんなことが起こるなか、何を「裁く」「捌く」のかだ。

無心の作り方

①

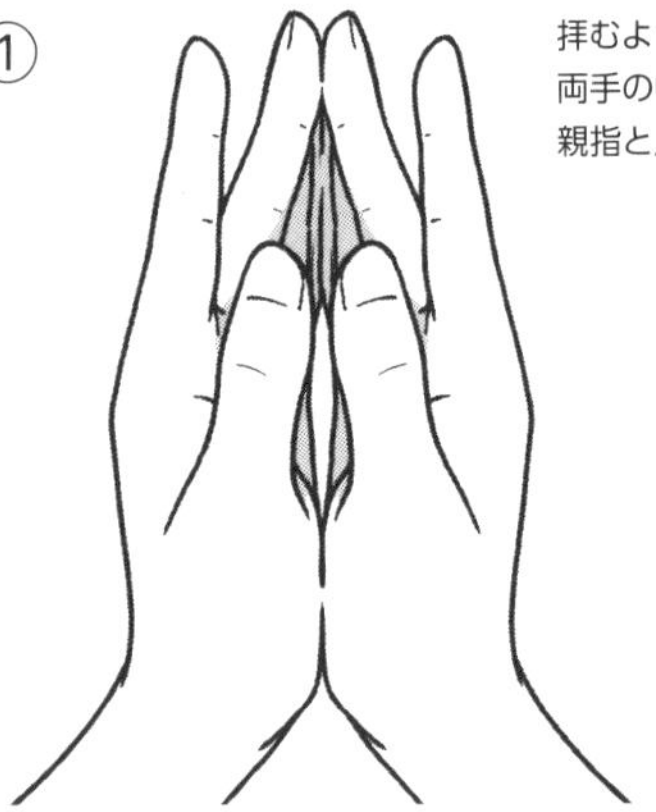

拝むように両手を合わせる。
両手の中指、薬指、小指は合わせたままで、
親指と人さし指だけ少し離す。

②

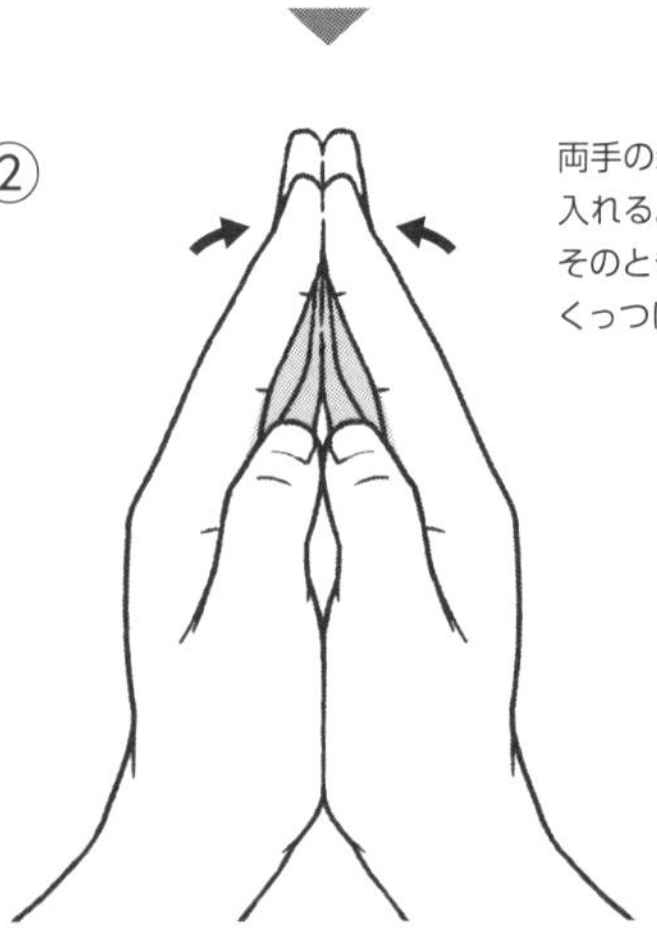

両手の親指を合わせて、両手の内側に
入れる。
そのとき連動して人さし指の先が自然に
くっつけば、無心状態は完成している。

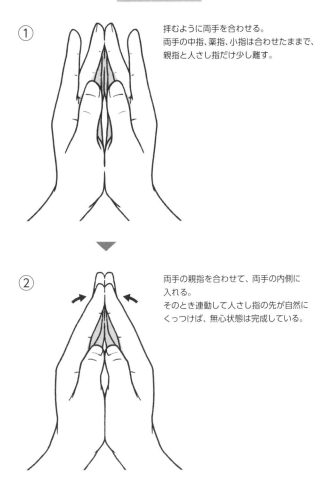

物理的なものでも、見えないものでも、トラブルや困難は、「捌けない」と、人の助けを借りなくちゃならなくなってしまうけど、それがどうにか自分で「捌けれ」ば、こんなにいいことはない。

そういう意味で「捌き」というのはとても大切で、「捌く」っていう感覚が今まで俺を救ってくれてたんだよ。捌きは助けてくれるんだなって思っている。

その捌きが生まれるのが**感覚の世界**。知識でも技術でもない。

人間関係を捌く

改めていうと、捌きには、「牌捌き」「体捌き」だけでなく、「心の捌き」「人間関係の捌き」もある。

こいつといるとお金が儲かるかもしれないけど、心が汚れていくなっていう人間関係、お付き合いというのがあるよね。かっこつけていえば。

俺の場合、お金が増えるより、自分自身が汚れないほうを選んでいこうと思っている。自分が汚れるだけならいいんだ。ただ、俺を間近に見ている子どもとか孫とかは、「じいちゃん汚れている」「心が汚れている」「行いが汚れている」って、敏感にそういうのを感じるんだ。

おかしな雰囲気を持ち込んでくる人間と付き合わないというのも、1つの捌き。

たとえば、NHKの人だから信用できるとか、そういうものではないということだよ。

その人の持っている看板だとか、大学教授の言葉だからとか、いわゆる権威を持っている人に対して半信半疑でいることが大事。

世の中には腐れ縁というのもあるよね。

この人といてもそんなにいいことないんだけど、昔から関係があって付き合いを断ち切れないという。

人間っていうのはいいやつだけが好きじゃないんだ。

悪いことを誘ってくるやつも好きじゃない？

たとえば、「図書館に行こうよ」とか、いいことばかり誘ってくるやつより、「ちょっといい女がいるんだけど、そこにいかねえか」とか、そういうことで誘ってくれるやつも、自分にとって必要じゃない？　自分ではあまりよくないとわかっていても。

そういうもののバランスをとらないと、人間は表向きキレイなだけの、本当の姿を明かせば、心の汚いやつになっちゃうんだよ。

いっちゃ悪いけど、そういう人は学校の先生なんかに多い。彼らはいつも生徒の前で正論やら、かっこいいことを言っていなきゃいけないじゃない？　ウソをついちゃいけないよとか、自分はウソをついているくせに。

やっぱり人間っていうのは善し悪しでできているんで、善しだけでなく、悪い部分も必要なんだよ。

ただ、国や社会がやるような大きな悪じゃなくて、小さい悪ね、個人的な。

子どもだって小さないたずらから始めるでしょう。それぐらいのものを大人になっても持っているほうがいいんだよ。

腐れ縁の悪いやつとは、距離感とかを大事にしてそこに染まらなければいいんだ。ちょっと悪いことをやってたほうが、逆に善を知るということにもなる。

何にも悪いことしないで生きた人間はこの世に１人もいないんだから。

人間関係を捌けない人

それにしても、「捌き」というのは面白い。行きついたら、自分自身、今そこにたどり着いていたという感じがする。

よく、「人間関係の捌き」が苦手な人がいる。

良くも悪くも親しい人との関係を切るとき、普通の人は少し心が痛むもの。

どうして心が痛むのかというと、自分の都合が出てくるからでしょう。都合よく相手と付き合っている部分があるから、ちょっと心が痛んで、悪いことをしたからじゃない。

自分にとって都合のいい相手ではなくなってしまって、切りたいという気持ちが妙な罪悪感になるんだ。都合がいいときは付き合っていたのに、ほかの人と付き合うようになっていらなくなったという。

でも、都合というのは、恋と同じで移り変わっていくもの。恋もずーっとってわけにはいかないでしょう。

男も女もその時々の自分の環境に応じて、今はこの人についていくのが一番都合がいい、というのはあるもんだよ。

今、俺が「素直と勇気が大事だよ」とか「心には厚い、薄いがあるよ」とか、そういうことを言ったりするのも、いくつもの「捌き」の体験から出てきたものだね。

道場生との交換日記

以前、ある企業の社長に「あんた周りにかわいいやついるの？」って質問したことがある。

「そういうのはいないですね」とその社長は言っていて、ああやっぱり仕事ができる・できないで選んじゃうんだなと思った。でも、それは会社を大きくしていくコツでもある。

俺の場合、仕事ができる・できないじゃなくて、やっぱかわいいやつを選んじゃうんだ。だから道場は俺の生命線みたいなものだとずっと思っていた。

いまでもそう。それが途切れちゃうと俺の中で生命がなくなっちゃう。

橋本っていう道場生がいるんだけど、いろんな意味で欲がないんだよね。「すげえな」と思っちゃう。雀鬼会も給料はあるんだけど、俺は携わっていないんだ。

売り上げがどうとか考えたこともない。

会計士から「橋本さんの給料が十万下がっているんですけど、これなんかあったんですか」って言われたことがあって、調べたら、橋本が自分で下げちゃっていたんだ。「お前、それはだめだよ」って言ったよ。上げちゃうならいいけど。

彼は新潟の国立大学出て就職しないで、うち（雀鬼会）にきた。本当は、うちで働くより、外で働いたほうがいいんだ、いろんな意味で。

そういうやつと同じ職場で働けることを、ありがたいなと思っている。

大手ＩＴ企業の社長も以前、雀鬼会のメンバーにいたんだけど、当時は目立たなかった。

ただ道場生と俺のやりとりに交換日記みたいなのがあって、その記録が残っている。

彼の文章に対して、俺が赤字で「お前はなんでそんなに損得ばかり考えて生きてんだよ。もっと大切なものあるだろう」って書き残していた。

彼は損得の世界で成功しているけど、俺はやっぱり好かないですね。

道場生100人くらいの中で、俺と直接話す機会がない子もいるから、書いてきたものに対しては、すべて言葉を返している。

そうすると、いわゆる頭のいい子より、心ある子のほうが、面白い文章を書いてくるんだ。頭のいい子はだめ。読んでも面白くない。つまらないというか内容がない。

やっぱり、結果ばっかり追いかけているから、結果論みたいな文章。結果よりも内容なんだ、重要なのは。

雀鬼会の教えの中では、内容が良くて勝つが1番。2番は内容が良くて負ける。3番は内容が悪いけど勝つ。最後に内容が悪くて負ける。

結果より、勝負の内容を見てる。内容っていうのは打ち手の内側を見ているということ。打ち手の心を見るということで、その人の内面がわかっていっちゃうんだ。

先手必勝は真実か

勝負の鉄則を表す言葉で、「先手必勝」というのがあるけど、俺に言わせれば、先手必勝は低レベルの勝負の話。

勝負にもレベルの高い低いがあるんだ。

レベルの低い勝負だと先手を取ったほうが、勝つ確率は高い。必勝かどうかはわからないけど。少なくとも後手よりかはね。

昔、相撲界に双葉山《ふたばやま》という名力士がいたんだ。あの人は受けて立った横綱。

今の横綱はみんな自分が先手とっちゃう。張り手をしたりして。

双葉山は69連勝したけど、みんな受けてる。それでも負けなかった人。そういう高いレベルの勝負というのがある。

俺も道場生とよく相撲をとるけど、全部受けている。好きなようにかかってきなさい、それでいいかいというところから始める。なんでもいいから、やってくればいいじゃんって。

見えないものを見ていく感覚

前述の羽生さんとは、やっていることは見える勝負（将棋）と見えない勝負（麻雀）という、互いのフィールドの違いはあったけれど、話が通じ合ったんだ。

羽生さんからすると、見えないものって何ですか、ということになってくる。

羽生さんは最初会った時、俺を高めにみたんでしょう。だからああいう〝手〟を打ってきた。

名人といわれている人ですよ、こっちはなんもタイトルなんてないのに。

「身の回りに起こったことは、全部自分のせい」。道場生たちに、そんなことを話したことがある。

この言葉をもっと詳しくいうと、良いことが起こったのは誰かのおかげ、悪いことが起こったのは自分のせい、なんだ。

つい悪いことが起こると、人のせいにしちゃうのが人間じゃない？　良いことが起こると自分の手柄というふうに。

それは逆なんだよ。物事は逆にすると真理が見えるんだ。

「押してもダメなら引いてみな」より、押してダメなら、消えてしまえばいい。消えると、力でかかってくる相手はどうしようもなくなる。

消えるとは、力を抜く、脱力すること。

もう1つ。真実はあなたの表側ではなく、裏側にある。

「大事なものは前じゃなく後ろにある」んです。

人はどうしても前に行きたがる。

なんでもそうだけど、逆から見てみると面白い。表側はキレイでもバックヤードはどうなのと。そういう見えないところのほうに真実がある。

見えないものを見ていく感覚をもっていくのが大事ということだね。見えているものは誰でも見えるんで。

占いとオカルト

見えないものを見るっていうと、今は占いが流行っていたりするけど、そういった占い的なもの、超常現象的なものはまったく信じないね。

はっきりいって、お化けとかＵＦＯだとかそんなものは一切いない。

神もいないし、あるのは自然だけ。ただ、自然というのはいろんな現象を起こすんだ。

オカルトとかそういうのは大嫌い。そっちにいったら、おしまいだなって思う。

説明できない不思議な世界はあるなと思う。でも、オカルトだ、神だって言いだすのは違うな。それに願ったり頼ったりするようになってしまうんだ、人間というのは。

麻雀の綾

たとえば、麻雀をやっている人なら、今のこの局面、以前にも同じような局面があったなという経験があるでしょう。

それを綾《あや》というんだ。綾っていうのはすぐ連続して起こることもあれば、ちょっと遅れて起こる場合もある。

似た局面が再び出現し、あの時こういうふうに打って勝ったから今回も同じように打つというのは正しい。自然に自分の中でその局面の経過を理解しているわけだから、結果も同じような形で終わるんだ。

一回一回瞬間で判断をして打つのは当然なんだけど、麻雀って組み合わせにそんなに膨大なパターンがあるわけじゃない。

違和感があったものが、自然に印象に残って覚えているんだよ。

かつて経験したのと同じような場面が今日あたり起こりそうだなって、そういう予感がすると案の定できやがったっていう。

メッシの戦術

以前、知人にこんなことを聞かれた。「サッカーのＰＫ合戦でもキックの名手が外すことがある。一方、それほど名手でもない人がこともなげにＰＫを決める。これはどういうことでしょう？」

サッカーはあまり見ないんだけど、「外すのは上手だからです。強いと上手は違う」と答えた。

たとえば、ブラジルのレジェンド、ジーコはサッカーが上手な人。それでもワールドカップの大事な試合でＰＫを外したことがあった。上手な人は上手ゆえ、技術優位でこぼしてしまうことがある。

逆にボール扱いはそれほど上手くないけど、気持ちが強くてＰＫをほとんど外さない人というのがいるんだ。

「弱気と迷いは負けの素」は、雀鬼流の教えの1つ。ＰＫは、ゴールキーパーとキッカーの1対1の対決なわけだ。そんなサッカーにおける特殊な状況下では、ボールコントロールの技術の高さより気持ちの強さのほうが重要になることもある。

サッカー選手で注目しているのは、アルゼンチンのメッシ。彼は試合中ほとんど動かない。いつもブラブラ、ブラブラしている。なに遊んでんのみたいな感じだよな。

でも、守備から攻撃に移るとき、非常にいいポジションにいたりする。

そして、ひとたびボールを受けたら、敵陣に切り込み、相手ディフェンダーをパニックに陥れていく。

相撲でもそうなんだけど、〝動くからわかる〟というのがある。相手のちょっとした動きで、相手の状況や狙いなどさまざまなことがわかったりする。

動くとたいてい何かやってくるからね、それに対応しちゃえさえすればいい。攻略法がわかりやすい。

でも、相手がまったく動かないときは困っちゃうんだ。

そこに「無心」という言葉があるように「無体」というのがある。

心も無心でなくちゃいけないんだけど、体も考えて構えてやっちゃだめなんだよね。敏感に感じたものだけでやればいい。

メッシは動かないことの利点を知っているよ。あいつだけは面白いなと思って見ている。いっぱい動く選手は目立つし、もちろんチームに必要。ブラジルの10番、ネイマールとかはけっこう動いている。でも、動かないのも戦術なんだ。

モハメッド・アリとマイク・タイソン

ボクシングの世界で面白い戦い方だなと思ったのは、往年のチャンプ、モハメッド・アリのやり方。自分はロープによりかかって、ハードパンチャーのパンチをかわして、相手が疲れたところで、相手をボコって倒す。そういう戦法。

動かずして勝つというのがアリだったけど、アリの後に、今度は動いて勝つやつが出てきた。マイク・タイソン。小さいながら動く、相手の懐の中で動くタイプのボクサーだよ。

ボクシングは、双方だいたい距離を適度にとって戦うけど、彼は相手の中にどんどん入り込むインファイト。相手の懐に入るときに、ハードパンチをもらいやすいリスキーなスタイルで、あれは、かなりの根性がなければできない。

パンチを当てるため、どうせ相手に近づかなければならないなら、思い切って懐まで入っちゃう。そうすると、相手の体と一体化していくんだよね。

これって、俺が魚の群れの中に入っちゃうときのような、同化と同じだよね。

中に入っちゃうから、相手は、自分だか敵だかわかんなくなっちゃう。

そして見えないところからパンチが飛んでくる。相手にとっては脅威でしかない。

懐に入っていく動き、同化していく動き、相手の懐の狭いところで暴れる動き、好きだなあ。

「動かずして勝つ、動いて勝つ」、アリとタイソンは違うスタイルだけど、２人とも魅力的な戦い方をするボクサーだったよ。

ムードメーカーのいる組織は強い

チームや組織におけるムードメーカーは大事な存在。やっぱりその人がいるだけで変わるからね。

雀鬼会にも、その子がいるだけで活気が出たり、楽しくなったりするという人が5人くらいいる。ムードメーカーがいると動きが生まれてくるんだ。

むっつりしてる人とか、つまらない人と一緒にいたりすると、動きが生まれない。場から「活気」が失せていくんだ。

人っていうのは、動くと気持ちのいいものなんだよ、ある程度。

そこに〝任務〟をつければ、仕事ってことになってくるんだろうけど。

日本においてはムードメーカーとお調子者が一緒にされて、軽いやつだとばかにされがちだよね。ベラベラしゃべって、と。そこに実力の裏付けがないと、ムードメーカーというよりお調子者となってしまう。

だから、ムードメーカーを作り出すのは本当に難しい。性格的にしゃべらないほうが楽という人もいるし。

小さい頃から食事中はしゃべったらダメだよと言われ、学校では授業中は静かにしなさいとか教育されている。

そういう世の中のシステムがある。出る杭は打たれるという風潮もある。

だから、実力があって、かつ言葉でその場を盛り上げていくことができる真のムードメーカーというのは、〝教育〟では生まれてこないものでしょう。ある意味、天然記念物。本当にありがたい存在。

だから、ムードメーカーをもちえた組織は強い。

ムードメーカーというのは空気を動かす人。空気が動かなかったら、風は生まれないし、変化が起こらないから、いろんなものがストップ、停滞してしまう。

ムードメーカーがいて空気を動かしてくれれば、そこに新しい何かが生まれてくるんだ。

スポーツなら、「1ポイント取ったよ」なんていう流れが生まれて、「さあ次、行けえ」みたいになる。いうなれば、0から1を生み出す人だよね。

会社組織においても、ムードメーカーを生かすような経営者や上司がいれば、いい会社になっていくんだけど、会社というのは、けっこうそういう人を潰《つぶ》してしまう。

それは、ムードメーカー的な部下に対して、「追い越されている」とか、「俺のほうがあいつより優れているのに、なんであいつのほうが人気があるんだ」なんていう思いが上長サイドにあって、特にたくさん勉強してきた役職者なんかは、邪魔になるのでしょう。

会社組織内の人間関係の体質を悪くする、縦社会のダメな部分だよ。極めて、〝人間〟的な現象だなあと思う。悪い意味で。

マヤ文明にみる権力者の醜さ

何かしらの権力を持った人間が、その権力を振りかざして醜いことをするというのは、昔も今も同じこと。その欲深さは、人間という生き物の悲しくも残念な習性なんだろう。

紀元前1000年から16世紀ごろまで、今のメキシコのあたりで栄えたマヤ文明では、人間が神の生け贄《にえ》とされる儀式が行われていたというんだ。生け贄になるのは、サッカーに似た球技で勝ち抜いた勝者。

普通、負けた者や弱い者が生け贄にされそうなものだけど、マヤ文明では生け贄になることは名誉なこととされ、選手たちは変な話、生け贄になるため体を鍛えていたんだ。勝者なのに死ぬようになっている。勝つと殺される。そんな狡猾なシステム。

以前、メキシコを訪れた時にマヤ文明の遺跡を見てきたんだけど、ピラミッドの一番上にその処刑台があった。

そこで、勝者の首をはねていたという。

為政者が、生け贄になることが最大の名誉であるなんて変な価値観をつくりだし、一番強い者が自発的にこの世からいなくなる――そんな計算高いことを、何千年も前にやっている。人間文化のはじまりのころからそういうのがあったのは、とても〝人間〟臭い話。

勝ったやつ、優れた勇者こそ殺される時代、文明。

自分より若くて強いやつに力を持たれたら、権力を奪われてしまう恐怖がいつも権力者側にあったんでしょう。

日本においても、戦国時代とか乱世には親と子、兄と弟で殺しあっていたときがあったよね。人間のもともと持っている権力欲の裏にある、「いつ奪われちゃうんだろう」という恐怖。

ただ、歴史上、為政者がそういうことをする組織や集団は潰れていく。

築くのは何代もかかるけど、潰れるのはすぐだったりする。

第6章　雀鬼流哲学

スーツ姿のサラリーマンが怖い

この前、道場生のある女の子が言っていた。「今、電車乗っていて、スーツ姿のサラリーマンが一番怖い」って。

コロナ禍の不況の中、スーツを着て会社に行っているんだから、きっと身元のしっかりした、それなりに安定した企業のサラリーマンでしょう。普通なら怖くないはず。それが怖いっていうんだ、そばに来ると。

やっぱり、過酷な仕事をしているんじゃない？

不況でどの企業も利益を出すのに必死なんだと思う。

スーツ姿のサラリーマンは、儲けるために本当はしたくない仕事を、上司の命令とかで仕方なくてやっているんだろう。きっとその上司だって、売上目標達成のために、さらにその上からプレッシャーをかけられているに違いない。

それで、嫌な仕事を、怖がりながらやっていたら、自分自身が嫌な人、怖い人になっていってしまっているというね。

そんなキツイ世の中だからか、今の大人の人、お父さんお母さん、ものすごく怖がりだし、不安ばっかりだよ。そういう人が子どもを育てているんだから、たまらないよね。

たとえば、うちなんか子どもにせよ孫にせよ、道場生にせよ、会長（俺）がいるから安心だっていうんだ。

ふんわりといる会長。だから自分たちは雲の上に乗っているかのような安心感があるというんだ。

スーツは戦闘服

しかし、スーツ姿がなんで怖いんだろうと改めて思ったんだけど、たしかにスーツってサラリーマンにとっての戦闘服だよな。

しかも、ネクタイっていうのは昔、兵隊さんが首に巻いていたスカーフ状の布が起源という説もある。スカーフを巻いて、戦争に行っていたらしい。

スーツを着ていると信用ある人物に思われやすいから、みんな着ているんだろうけど、サラリーマンがスーツという名の戦闘服に身を包み、ネクタイを締めて会社に行くというのは、仕事という名の〝戦争〟に行くということなのかもしれない。

昔から〝戦争〟はあったけど、それが最近、新型コロナの影響もあり、不況で、とみに激しさを増している。

その苛烈《かれつ》さとシンドさが家庭にまで入り込んでいる。

その〝戦争〟はキリキリと不安症で怒りっぽい両親をつくり出し、その両親の影響を子どもがモロに受けてしまう。連鎖だね。

でも、なんでそんなにお父さん、お母さんは不安なのか、怖がっているのか。

たいていのことはどうってことないじゃないかと思うんだけどね。

遊び心は快適に生きるための突破口

今の世の中、困っちゃうのは、やっぱりサラリーマンというか大人だよな。

どうして大人ってどんどん悪くなっていくの、っていう。

いつも俺は遊び心をもっているんだよ。子どものときのように。

「体捌き」にしても、自分の体が木の葉や風、雲みたいになればいいなという遊び心から、やってみたらできたということ。

そんな遊びをしていると、不思議なことが起こるんだよ。

勘を磨く突破口、現代を快適に生きる突破口の1つは遊び心だね。

道楽とは違う。すぐ大人は道楽にしちゃう。大人の遊びじゃなく子どもの遊び。子どものとき、楽しんだものを忘れないようにしないといけない。

凧《たこ》揚げやベーゴマ、メンコ、川遊び、相撲も同じ。子どものとき、やってたことだからやってる。

子どものころ、ベーゴマやメンコを削ったり柔らかくしたり、自分なりに改造していた。コンピューターゲームとか出来合いのものではなく、自分で創意工夫したおもちゃで遊ぶということが大切なんだ。

俺は自分で車を運転しないけれど、ハンドルに〝遊び〟ってあるじゃん。そこには余裕がある。逆にそれがないとだめだっていうこと。

遊び心と余裕をもって仕事をするということが大事。キチキチにやるからいけないんだ。

食べることも腹八分目で、満足すればいい。それは満足じゃなく、納得だね。納得感があればいい。

それを満足にもっていくから、欲にとらわれて追いかけられてしまう。一つ一つ納得できればそれで終わりだよ。俺は人生を通して、満足感ではなく納得感を大切にしている。

9年間無給のサラリーマン時代

若い時、ある会社の社長で、男の背中を持つ、かっこいい人と出会ったんだ。

男が男にほれるってあるじゃん。それだった。同性愛という意味じゃないよ。ひょっとしたら男が男にほれる気持ちは、女にほれる気持ちより強いかもしれない。

その社長の誘いもあり、その人の下で働いてみたんだ。給料はいくらほしいと言われたけど、いらないですと答えた。

「え、お前お給料だよ?」「いらないです、自分ってお給料で決められるような人間じゃないんで」

だから自由だよ。俺が会社の中で一番フリーだった。みんなお給料もらっているから窮屈だよね。

社長は強くて怖い人だった。俺には怖くないよ。でも他の社員たちは、社長の前では、一言もしゃべらず、黙々と仕事をしている。

そんな時、俺は何をしていたかというと、机の引き出しの中に羊羹《ようかん》とか饅頭《まんじゅう》とかいっぱい入っているんで、それを出して食べたり、誰かつかまえて将棋を指したりなんかしてた。

将棋の相手になった人は社長の手前、「勘弁してください」なんて言って困っていたけど、俺は叱られたことは1回もなかった。

結局、9年間無給で働いて、その経験が今でもすごく役に立っている。普通は働いたらお給料をもらえるのに、やってももらわないという。自分で言うのもなんだけど、こういうことをやるって、ちょっと難しいことなんじゃないかい？

はっきりいって、仕事なんてわけなかった。簡単だった。

不動産部門があったんだけど、1カ月経っても何も決まらないわけ。社員たちのもどかしい会議のやり取りを横で聞いていた俺は、なんで1カ月もあって決まらないんだろうと思って、翌日すぐに資料をまとめた。

そしたら、周りの人は「桜井さんは、素人だからできたんだよ。俺らプロから見てとても難しくてできない」って言うんだ。

俺は何をやっても素人なんだ。麻雀も物書きも素人、プロになりたいなんて思ったことはないよ。だから恥ずかしいも何もないじゃん、素人なんだから。

プロはプロだからって自分に重しを乗せちゃう。恥ずかしいことはできないって。そういった恥の気持ちが俺にはないんだ。

なぜ給料をもらわなかったかを改めていうと、貨幣という価値観の中に、自分自身を置きたくなかったから。自分を〝売り〟たくなかったんだ。

売春婦って賤《いや》しい職業のようにいわれることが多いけど、サラリーマンも同じだよ。もちろん全てのサラリーマンがそうだというわけではないけど、身も心も捧げて仕事している人はけっこういる。自分らしさを失ってしまうほどに、自分を売って働いているんだ。

資本主義の世の中だからお金が重要なのはそうなんだけれど、自分を失ってまでってどうなんだろうという思いがある。

不安ビジネスと宗教

これもまた、うちの道場の女の子の話なんだけどさ、その子が働いているお店のお客さんから、「震災に備えて準備しておいたほうがいいよ」と熱心に勧められたというんだ。

震災に対して不安に思う気持ちがないわけではない。念のためと、その子は100円ショップで防災グッズを買い揃えて、「備えあれば憂いなし」ということでいいだろう、としていた。

けれど、防災グッズを集めているうちに、不安がどんどん押し寄せてきて、もっと買い揃えなきゃと気を病んでしまいそうになったというんだ。

不安だから用意しておこうと思ったのに、用意しているうちに不安が増えていくなんて皮肉だよな。

率直に人間的な現象だなって思う。

たとえば何かの病気になったとする。

実際、俺も病気を患っているんだけど、もし医学書なんかで病気を詳しく調べていったら、気が病を呼ぶじゃないけど、気をもっていかれちゃう。

だから、自分が何の病気か知らないし、知ろうともしていない。

心臓いじくりましたとか、胆のうをとったとか、そういうことはわかるけど、本来の病気の名前なんてわからない。７年病院に通っていて、いまだに。

何の薬を飲んでいるかもわからない。それぐらいでいいんじゃないのって。もうめんどくさいから病院も行かないし、薬を飲むのやめようかなって思う時もある。

生命保険とかバンバン入る人っているじゃないですか、入らない人はまったく入らないんだけど。俺も保険は大っ嫌いでね。何も入っていない。うちの奥さんが入っちゃっているんだけど（笑）。

冒頭の女の子と、保険に入る人の心境は似ている部分があると思うんだ。

人の不安に忍び寄ってくるのが商売じゃないですか。保険をはじめ、いろいろある。

いうなれば〝不安ビジネス〟だよ。

じゃあそういう不安ビジネスは、何を基にどんなテキストでもって始めたかというと、参考にしたのは宗教でしょう。

何千年と続く宗教は、不安が人間の弱点だと知っているから、信じる人は救われるという角度から入ってくる。逆にいうと、信じていない人は救われないというね。

宗教的な手法を、さまざまな業界がそのビジネスに取り入れているんだ。

やっぱり人間には不安と恐怖というものがあるのでね。そこを突《つ》けばお金を出すだろうよ。

人間の真理のある一面だよ。

洗脳を解いた道場生

某アイドルグループの大物プロデューサーは、テレビ番組で一般の視聴者を狂わせてしまえば、こっちのもんだみたいなことを言っていた。

そりゃそうだよね。狂わせてしまえば、どんどんファンが増え、熱狂的になってくるわけだから。宗教とおんなじ。

俺に言わせれば、宗教は金儲けだから。大物プロデューサーも宗教的なノウハウや搾取のシステムを芸能界というビジネスシーンに持ち込んでいるんだ。

しかし、俺みたいに無宗教だと教養がないなんて思われがちで、その点は少し悲しい。

うちの道場生の中に1人、ある宗教をやっていた人がいるんだ。子どものとき、親の影響で。

でも、お父さんが自殺したりして、家庭が崩壊。彼はそういうことを通り越してから、その宗教をやめた。

彼いわく、やめるのには信じた期間と同じだけ時間がかかるという。

でもそれだけの時間をかけて、洗脳を解いたんだ、彼は。

「宗教は、商売でもなんでもいいんですけど、人を救うものでは決してない。むしろ壊すもの」と彼は言う。

たしかにそうだと俺も思う。

不安は伝播する

人は恐怖心や不安とどう向き合えばいいのか。

俺は普段から多くのことは、「たいしたことない」「知ったこっちゃない」と思っている。

これまでの人生で、みんなが恐怖を感じたり、不安に思う〝危険〟なことに、わざわざ挑んできた。実際にそういうものにぶつかってきちゃったんで、みんなが大変と思っていることも意外と「たいしたことない」って経験でわかっている。

やっぱりリスクというものに挑んだ体験が少ない人は怖いんじゃないかな。

また、人は意外と他人のことにそれほど関心をもっていないものだけど、どうしても他人の目が気になるのが人間だよ。しかし、そんなものにとらわれていたら何もできやしない。失敗しようが成功しようが、誰にどう思われようと、己の感性に従い、「知ったこっちゃない」の精神で、他人の目はおろか、自分の目も気にせず生きていくのがいいんじゃないか。これも、1つの「捌き」だよ。

でも、「たいしたことない」「知ったこっちゃない」と思って生きているのは、そういう体験した者の強みや自意識過剰への対抗策としての意味合いだけじゃないんだ。

たとえば、心配事を抱えた相手に、よかれと思って同調したり優しくしたりすると逆に、相手の中の心配がどんどん膨らんでいってしまうということがあるんだ。

俺が心配ばっかりしていたら、周りにそういう雰囲気が伝播《でんぱ》して広がり、家族にも〝心配の空気〟が伝わってしまう。

なんとなくそういうのは見えるじゃない？　そうやって意図せず、〝心配の空気〟を流行らせてしまうんだ。人はつながっている。

だから、まず自分のところで食い止めようと思っている。「俺ならこんなことぐらいどうってことないよ、たいしたことないよ」「知ったこっちゃないよ」って言っておけば、周りに広がらないで済む。

何か妙なことが起こったら、自分も一緒になって怖がるんじゃなくて、それはそれ、自分は違う生きざまをすればいいって思い切ればいいんだ。

１００人全員が肯定しても、自分はおかしいと違和感を抱いたなら、自分は別の道を行くっていう勇気も大切なんだ。

いいです、自分は１人で生きていきますよって。

「神経質じゃない敏感さ」

思考とか知識って役に立つときもあるんだけど、ときに人の正常な判断を惑わすものの。

防災グッズを買い集めた彼女だって、知識があるらしき人から「備えたほうがいいよ」って言われて用意しているうちに、逆に不安になっちゃった。

備えたら不安がなくなるならいいじゃないですか。でも実際は裏目に出ることは往々にしてあるんだ。

ただ、災害やトラブルに対する危機察知・危機管理ということにおいて、鈍感であるというのもまた問題ではある。

彼女の場合、お客さんにあおられてのことだったけど、きっかけはともかく、危機に対して、いち早く**勘づける感性の鋭さ**は生きていくうえで必要。結局、「**神経質じゃない敏感さ**」というのが大事なんだよな。

〝いいこと病〟

「清濁併せ呑む」なんて表現があるけど、その言葉は雀鬼流の哲学にも通じるものがある。清濁でも善悪でもいいんだけど、正しいことと悪いこと、両方やってはじめて人間だよ。

それを、正しいことだけ、いいことだけをやろうっていうのは、〝いいこと病〟ってやつだよね。

いいことしようかなって思っていても、それがいくつも重なっちゃうと苦しくなっちゃう。

実は、いいことって、なかなかできないのに、無理にやろうとするから苦しくなったり、病んでしまったりするんだ。

俺はね、〝いいこと病〟の裏側には、弱さや意気地のなさがあると思っている。人間のもともと持っている弱さだよ。

強い人であれば、「正しいことだけをやるべき」とか、そんな強迫観念みたいなものにとらわれないんだ。

では、弱さを雀鬼流ではどうとらえるか。

弱さを消すとかなんとかより、「かっこいい」ほうが、いいってことだね。

合理性を重んじる今の若い人の多くにとって、「かっこいい」とは、社会的に成功するとか金持ちになるってことなんだろう。男だけじゃなく、女もそういう人が多いだろうね。彼らの感性の中で、「かっこいい＝成功」になっている。

かっこよく生きるって、そういうことじゃないんだ。

かっこいいはタダでいい、本当は。フリーですよ。風も雲もフリー、フリーなものをやっているから感覚が生まれてくる。

空を見れば雲はたくさんあるけど、雲は雲代をくれとはいわない。タダなもの、フリーなものが一番いい。

それがブランドというか、金がかかるものほど、価値が高いと見なしていったのが人間の欲なんだろう。

みんな欲がある、ないやつはいない。俺だってそう。

それが最近あまりにも強欲になっている。それはなにか問題を引き起こすよね。

残酷さの裏側にあるもの

男の場合、臆病っていうのはみっともない。怖いっていうのはそりゃ誰でもあるだろうけど。そして、不安と怖さがあるからこそ、人間は残酷になってしまうんだな。

歴史の残酷さなんて、全部それだよ。戦争もそう。弱い人ほど残酷にやりすぎちゃう。強い人は限度を知っているんだ。強い人は満足ではなく、納得したら終わる。

弱い人はやっぱり満足したいんだろうね。満足って、ずっと追いかけていってもたどり着けないものなのに。

第二次世界大戦で日本は原爆を落とされたけど、アメリカにしてみたら、日本が怖かったのかもしれない。

戦争末期、ほとんど日本の負けは決まっていて、原爆を投下するまでもなかったはず。

そのころ、日本は最後の一兵卒まで戦うんだといっていた。そういう思想があった。

お国のためっていうか国策っていうのはあったんだろうけど、日本にはそのうえに神というものがあったんだよね。神のために戦うっていう。

そして、捕まって捕虜になるくらいなら腹を切って死ぬという武士道精神が、アメリカは怖かったんじゃないですか。

「武士道と云ふは死ぬ事と見つけたり」（『葉隠《はがくれ》』）なんて言葉がある。あれは、別に潔く死ぬことを推奨しているわけではなく、いったん死んだ気になって自由な気持ちで臨めば、何事もうまくいくという、よりよく生き続けるための言葉だったんだけどね。

でも、たいてい一番武道が強い人から、死んでいくね。現場の最前線に立っちゃうから、どうしても早くに死んでしまう。

自然と経済

人間はさまざまな分野において技術的進歩、文明の発展を望むけれど、一方で、「発展させていくよりも、もともとあった自然を大切にしてくれないかな」っていう、矛盾した思いも持っている。

たとえば、土地開発とかで山が切り崩されていくさまを見て、「なんで自然を壊していっちゃうんだろう」と思う気持ちは、誰の心にもあるでしょう。

海も山も昔は魚がいっぱいいたんだ。今は本当に魚も少ないし、もちろんサンゴなんかも死んでいく。

地元の東京・下北沢の川でも、フナとかエビガニとかはいたけど、今はもうすべて埋め立てられたね。そういう現状は、やっぱり全部、便利を求める人間の経済的事情から起こったことだと思うよ。

だから、お金の豊かさと、自然の豊かさ、どちらを求めるのかということ。お金の豊かさばかりを求めてしまうと、やっぱり不自然な人間になっていくんじゃないかな。よく、「あそこ、いい空き地だったのにマンションが建っちゃったよ」とかいう会話がある。なんでもかんでも、空き地があればマンションを建てるのは、特に都会において顕著な現象だよ。

空き地にマンションが建つことへの不満は、主に横の幅に対する広さを奪われてしまうことに起因する不快感だと思うけど、横だけじゃないよね。縦もある。その高いのが問題なんだ。高いものを作りすぎている。

たとえば、東京湾の沿岸部、ウォーターフロントは高い建物ばっかり。すると、風なんかどこへ向かえばいいの、って迷っちゃうんだ。今まで自然に吹いていた風の行き場がなくなってしまう。

低いところを通っていた風は、ビルの間からすごい高いところまで上がっていって、強風となって降りてくる。ビル風だ。

ヨーロッパとか経済的に発展はしているんだろうけど昔からある町っていうのは、だいたい３階建てくらいまでで、そういう街づくりにしてある。

実際、コンクリート製の高いビルが建っちゃうと、いろんな問題が起きてくる。ビル風だけじゃなく、風の流れが変わることで、海の中も変化してしまうんだ。

高層ビルやタワーマンションは〝成功の証し〟〝権威の誇示〟じゃない？　狭いけど都心の一等地に高いビルを建てれば、利用率は高いし、利潤が出る。

でもその結果、特に都市部では水害とか自然災害がバンバン起きている。これからも起こるでしょう。

権力者っていうのは、なぜか高い建物を作りたがるんだよな。「バベルの塔」じゃないけど。結局は、自分の首を絞めていくことになるんだろう。

伊豆の漁師さん

毎年恒例の雀鬼会の伊豆の夏合宿。去年は海辺で地元の網元の漁師さんとの出会いがあった。

「ちょっと面白そうな人だな」って、ある一人の漁師さんを遠目に見ていたら、向こうも俺に何か感じたみたい。「どちらから、いらしたんですか？」と言いながら、こっちにやってきて、自然に少し話すようになった。

「あの400メートルくらい先の海棚、あそこ3段になっていません？　100メートルずつの段々が見えるんですけど。あれ、意味あるんでしょ」と話すと、「意味あります。そうなんです、見えるんですか⁉」と漁師さんは驚いていた。

俺には目ではなく、**感覚でとらえたもの**が見えたんだ。

その漁師さんがいうには、段々をつけることで、小さな魚は段の網から外れて、捕るべき魚だけが上の段に上ってくるという。

「2割捕れればいいんですよ。みんな全部捕る気持ちがあるでしょう。私はそういう考え方じゃなくて、2割捕れればいいという気持ちでやっています」

「おお、いいね！　あんた！」

すっかり意気投合。会話は大いに盛り上がった。

こんな素晴らしい人がまだまだいるんだと思ったら、嬉しくなっちゃってね。忘れがたい出会いになった。

でも、素晴らしいよ。2割捕って、あとの8割は意図的に逃がすんだから。

一方、経済原理だけで動く、どこその商社は全部捕っていこうとする。全部どころか、あちこちの国へ行って、よそのところのものまで捕っていこうとするのが商社のやり方なんだ。

経済っていうのは根こそぎ取るもの。多ければ多いほどいいっていうね。だから、なんでもかんでも力の及ぶ範囲を広げようとする。

経済というものの裏側には、「便利と利用」というやつがいる。経済の発展も科学の進歩も、「便利と利用」という考え方から出発していて、今のさまざまな自然問題もそれを突き詰めた結果だよね。

「広げる」ことは儲かること

日本国を〝広げ〟ようとしたのが、第二次世界大戦。その根っこには、経済的側面がある。

昔、〝広げる〟ことが達者な国があった。スペインだとかオランダだとかイギリスだとか、先に気づいた、船をしっかり持った国だよ。

それに準じてアメリカも、世界のあっちこっちに影響力を広げた。

世界中の国のほとんどを、欧米で領地化しちゃったんだ。あのでかいインドですら領地化されたんだから。

〝広げる〟ことは儲かることだって、わかるわけだよな、日本も。それで、やっちゃったのが第二次世界大戦だろう。そしたらボコボコにやられちまってね。

戦後、日本は奇跡的な経済発展を遂げて、一時、世界第2位の経済大国になったわけだけど、悲しいのは、日本人が本当に世界に向けて言葉を発せられない個人になっちゃっていることだ。

国としてもそうだ。日本国として世界へ向けて発信する言葉というかメッセージがない。なにか問題が起こっても、みんな金で済ませちゃっている。そういう仕組みが出来上がっちゃった。

〝戦う〟ことを禁じられているだけに、ある面、仕方がないことだけれど、そういう現状を見ると、我々も情けないよな。

くやしいけど、アメリカは経済大国であるうえに、言葉を発するんだよ。

自分を治せない現代人

先の漁師さんもそうだけど、日本にはまだまだ素晴らしい人たちがいる。数は減ってきてしまっているけど、日本の職人さんもすごい。

職人さんは、1つのものを作るのに、とても長い時間をかける。

でも今の世の中、経済は薄利多売。いっぱい作っていっぱい売るのが商いのコツなんだ。電化製品とか、みんなが買い替えるように、3年なら3年、5年なら5年で壊れるように作っている。

作ったら最低10年とか15年とか壊れないようにすればいいのにさ。

あるいは、修理が簡単にできるようにすればいいのに、交換部品の製造を中止するなんてずるいじゃない？「買い替えたほうがお得ですよ」なんて言いやがって。

経済がそんなふうになっているから、自分自身で自分の心を修理することができなくなっちゃったんだ。

男の勘と女の勘

「女の勘は鋭い」なんて言葉がある。

ある部分において、その言葉は正しいかもしれないけど、その前に基本的に男の勘と女の勘というのはいろいろと大きく違う。

長い間、男たちは外に獲物とか食料となるものを捕りにいかなきゃならなかった。

しかし、獲物はいつどこにいるかわからない。だから、獲物を求めて遠くまで、あっちこっちと動いていたんだ。それでも食料をゲットすれば、道に迷わずに家に帰ってくる。不確定要素の強いものが得意なんだ。

一方、女の人は場所や時期など定まったものに対して得意。何月に何の花が咲くとか、どこに何の実がなるかとか知っていて取ってくる。それをわりと家から近場でやるわけだ。

女の人の活動範囲は狭くて、遠くまでは取りにいかない。

「女性は地図が読めない」とされるのは、そういう歴史が背景にあるのでしょう。

男は獲物を追っていって、1週間くらい帰ってこない場合もある。

いつ帰ってくるともわからない男を、女性は待っている立場だったんだな。

それが1日、2日延びてくると心配だとなる。本当に帰ってくるのかな、川へ落っこちて死んでしまったのではなかろうかとか、とかく心配することが女性のほうが多い。心配を愛情と間違えちゃうこともある。

冒頭の「女の勘は鋭い」だけど、その勘は基本的に不安からくる、失わないための勘なんだ。

旦那が死んでいるんじゃないかとか、浮気しているんじゃないかとか、ネガティブ案件に鋭さを発揮する。なぜ悪いことにばかり勘が働くかというと、女性は恐怖心が強いからだよ。怖いものが多いから。

男はどっちかっていうと得るための勘。食べていくための勘というのは男性が強い。

失わないための勘と得るための勘。

しかし、時間の体感速度からいって、何かを追いかけている人にとって3日間ってすごく短いんだけど、待っている人からみると3日間って長いじゃない？

待つ時間というのは長く、女性にしてみれば不安にもなるというもの。

もともと人間は、そういう生活を長いことしていた。

女性が社会進出し、共働きが当たり前の現代の生活からは信じられないかもしれないけど、かつての影響が、男女の勘の特性の違いとしてＤＮＡに残っているんでしょう。

そして、基本的にはやっぱり女性のほうが怖がり。男は怖いのも含めてリスクを承知で入り込んでいかないと何も得られないので、恐怖に対する耐性が女性より強い。

女性は怖さと不安が勘の出どころ。

今の女性は怖いもの知らずで、男より度胸があるなんていわれているけど、それは世の中が平和で、今の社会があらゆる面で守られているからだろうね。

そうでなかったら、また男と女の在り方も全然違うものになっているんじゃないかな。

いじめられている男の子へ

しかし、子どもたちも大変だ。親は仕事がキツくてカリカリしていたり、怖がりになっちゃっていたりするし。最近にかぎらずだが、学校における子どものいじめ問題はよくニュースでも取り上げられている。

学校のいじめ問題は年々深刻化している感じもある。

きっとどの学校にも程度の差こそあれ、いじめはあるんだろう。

大人の世界にもいじめはある。会社をはじめ、さまざまな組織、集団内にいじめというのはあって、それが子どもの世界にも伝染しているんだ。

男の子限定の話なんだけど、俺がいじめに苦しんでいる子どもに対して、なにかアドバイスするとすれば、「いじめっ子を殴っちゃえ」って言うな。やられるかもしれないけどやっちゃえって。

やれるだけやってみればいいじゃんって。黙っているからよくない。

よけいぶたれるかもしれないけど、やれば相手も根性あるなって、次第にいじめてこなくなるもんだよ。

俺はガキのころから、ちょっかいを出してくるやつ、いじめてくるやつをやっつけるのが大好きだった。バットを持ってるやつとかを見ると楽しくなっちゃう。中学校とか必ずやんちゃなやつがいて、そういうのに狙いを付けてる。いつでもやっちゃうよって。

本当に喧嘩の強いやつもいたけど、引かなかった。小学校4年生のとき、６年生に番長がいた。６年生３人と俺１人で喧嘩して相手をやっつけたよ。

男は自分を守れなければダメ

いじめは、いじめっ子、いじめられっ子の両方に問題があるんでしょう。

いじめっ子が悪いのは当然そうなんだけど、やっぱりいじめられるほうにも問題があるとあえて言いたい。

卑屈さだったり狡さだったり、普段からなんか逃げてる感じがみえたりだとか、そういうのがあるからなんじゃないだろうか。

堂々という言葉が適切かどうかわからないけれど、堂々としていればそういうふうにはならないと思うんだ。

まず、自らが人になめられるような、軽んじられるような、そういう感じでいるな、と。男はまず自分を守れなければダメだから。

自分を守って次に他人を守っていかなければならない。

俺なんかもうすぐ80歳だよ。自分で自分を守れなくなったら、どうするかなあ。

男失格だなと思っちゃう。男の子として生まれてきているんだから、人間としてよりも、男として生きていかないともったいない。俺はそう思ってる。

いじめっ子もいじめられっ子も男らしかったら、そんないじめは起こらないだろうし、卑怯なことや、ずるいことをやらないだろう。

電車で痴漢に遭う女の子

電車でよく痴漢に遭う女の子がいる。逆に、ほとんど遭わない女の子もいる。

よく痴漢に遭う女の子は、油断や隙があったり、あるいは色っぽさが出ていたりするからでしょう。痴漢をやる悪党には、そういうのを感じるセンサーがあるんじゃないかな。

でも、隙をなくせ、というのは女の子に求めちゃいけないこと。それは男に求めることだよ。

男と同じような要素を女の子に求めちゃいけない。

色気っていうのは、青春時代を通り越すわけだから、そのとき持っていないと逆にダメなものでしょう。

男の性分、女の性分

美しさを求めるのは女の性分。美というのは女性の人生についてまわるもの。

一方、男は強さを求めるのが性分。男は自分より強いものを倒さなければならないときもあるんでね。マンモスなんか倒していた時代があったわけで、勇者でいなければ、獲物を仕留められない。

男女いずれにしても、それらは根源的なものだね。

余談だけれど、俺は逆に女性に何度か痴漢されたことがあるんだ。電車の中で下腹部を触られたりね。

その女性たちは、女としての自信がありそうな子だった。私が触って嫌がる男はいないだろうと思っていたんじゃないかな。すっと顔を見るとたいてい、美人だったりかわいかったりする。拒まれないという自信があったんだろうな。

エピローグ～〝人間〟を捨てる～

雀鬼の涙

いつのころからか、俺は「雀鬼」と呼ばれるようになっていた。案外この「雀鬼」という名前は、自分でも気に入っている。

鬼のように麻雀が強かったのが由来の1つであるとは思うが、それだけではない。実際、ときに、〝鬼〟として生きてきた部分があるからだよ。

今まで数々の修羅場に直面し、多くの狂った世界を見てきたけど、〝鬼〟でなければとても生き残れなかったと思っている。

「雀鬼」なだけに、涙を流さない冷徹な人間だと思われがちだが、そんなことはない。素の感情を大切に生きているので、人前で泣いたことは何度もある。

男だって泣きたいときは無理に我慢せず、泣いてしまえばいいと人にも伝えている。泣くことで感情の整理ができて、悲しみから立ち直りやすくなるという効果もあるから。

俺自身が泣いた記憶で、はっきり覚えているのは2回。

奥さんと結婚したときと、兄貴の子どもが亡くなってしまったときだ。

兄貴の子どもが亡くなってしまったときは、ちょうど自分にも子どもが1人いた。その葬儀に行ったときは、涙をこらえることができなかった。

親父から「男は泣くんじゃないよ」と言われたけど、「なに！　ここで泣かなきゃどこで泣くんだよ！」と思った。痛いかゆいじゃ泣かないけどさ。

当然、兄貴も泣いてるけど、俺も悲しかった。

結婚を決めた理由

奥さんと結婚したときに泣いたというのは、嬉しくてじゃなく、「これから俺の人生、大変なことになるな」と思って涙が出てきたんだ。1年で逃げようと思ったし、1年もたないだろうなとも思った。さすがの俺でも。

うちの奥さんは大変な女性で、家の中は昔も今も暴風が吹いている感じ。

結婚前に、母親にも言われていたんだ、「あんた苦労するよ」って。「やめなさい」って。親父からは、「お前がそれをやり遂げたら俺を超えるよ」と言われた。何言っているんだ、俺はもうとっくに親父を超えているよって思ってたけど。

親父の一言で、「じゃあ、やってやろうじゃねえか」って心に火がついて結婚を決めたんだ。でも、結婚を決めたはいいけど、えらいことになるだろうなってね。

そのころガールフレンドが30人くらいいて、モテてたんだ。その中には、いい子もいっぱいいいたんだけど、一番悪いのを選んじゃった。

奥さんは、俺が家庭教師をしていた子なんだ。「この子は大変だな。でも俺が責任をもって面倒を見なければ、誰が見るんだ。どうにかしてやろう！」という気持ちになっちゃったんだね。間違えた正義感が出ちゃった。

そうこうしているうちに、男の子が生まれたんだ。子どもっていうのは当たり前だけど、父親より母親のほうが好き。

俺が大切に思うこの子。そして、この子が好きなのが女房。この三角の関係性が生まれた。

そのとき、この子が俺の明日を作ってくれると思ったんだよ。俺が子どものためにどうにか生きるんじゃなくて、子どもが俺を生かしてくれると。絶望的な結婚生活の中、俺の明日はこいつが作ってくれる――。

息子が好きなのが女房なら俺も大切にしてあげなきゃと思った。でも、そんな気持ちが生まれたのが失敗のもとだった（笑）。

普通、候補の中から一番いいのを選ぶものだよ。俺、本当に一番悪いのを選んだ。それを全部わかってて、苦労は承知で結婚した。自分で決めたことなんでしょうがないよね。

結婚したらどうなるかわかってたんで、一年だったら付き合えるかと思ったけど、一生かと思ったらたまんないじゃん。そういう涙だよ。わびしくてよ、ありかよこんなのって。

ソクラテスの言葉

実際、結婚してから、いろんなトラブルを起こしてくれた。大金が絡んだものもある。普通なら離婚もののトラブルで、それをずっとやってくれる。たまったもんじゃない。

トラブルだけでなく、奥さんは料理できない、子どもの世話もできないだから、お風呂も俺が入れてた。新宿で仕事をしていて、子どもたちをお風呂に入れるために、一回家に帰ってきて、また職場に戻っていった。

クリスマスにサンタに扮して、自転車かついで木の上から降りてきたり、いろいろしたよ。

子どもたちがいなかったら、結婚生活はもたなかったね。いなかったら、三角関係ができないんで。

どうにかそれを自分の中で受け止めて、自分の中で消化していくから、〝学び〟があったんだなと今は思っている。

いい女房なら学びがないじゃない？　ソクラテスも言っていたよね。「良妻に恵まれれば、幸福になるだろう。悪妻を持てば、哲学者になるだろう」って。

楽な道と厳しい道があったら、いつも厳しいほうを選択してきた人生。それが勝負強さとか、人間力を上げることにつながっていったんだ。

結婚で負けてたら、麻雀の勝負でも負けていたんだろうな。

結局、うちは男の子、女の子、男の子の順で3人の子どもに恵まれた。やっぱり、今思うのは子どもは偉大だということ。

雀鬼会の道場生も、俺にしてみたら子どもみたいなもんなの。ある意味、道場生は俺にとっては子ども以上の存在。大切なんだ。

ときどき、各地の商工会議所とかに呼ばれて、講演会などをしにいく。そういうところに行っても、正直ろくな人間がいない。それで、うち（道場）に帰ってくると、道場生たちがいて、やっぱいいいなと実感するんだよ。

何がいいって、かわいいしかない。みんながかわいいいんだ。

自分自身を捌く

捌きなんて字を使う人は、あまりいないでしょう。

問題が起きても捌けばいい。捌けないと止まっちゃう。

だから捌けると自分自身が助かるんだよ。捌けるってことは運がくるということ。

自然に運が自分に向いてくる。

俺なんかもう普通だったら、50回ぐらい死んでいる。そんな体験をしている。

でもまだ生きているのは、そういう勘に基づく「捌き」ができていたから。

捌きを別の言葉でいうと、「裁き」とか「差配」とかだったりする。もっというと、整理整頓。わかりやすくするっていう意味では近い。

本当に日々生きているだけでいろんな選択、判断がある。

時に体で、時に心で、人間関係やもろもろのトラブルを捌いて、「いい」ようにしていくんだ。

でも、みんな捌けない。日々の生活において続々と押し寄せる選択の量と、そのスピードについていけないんだ。それで、もうダメって投げ出したり、苦悩を抱えてしまったりしている。

自分の身に起こっていることだけど、選べないし、処理しきれないんだ。

それはね、みんな〝人間〟というものを持っているからなんだ。

〝人間〟というものを捨ててやればいいんだ。

人間を高尚なものにしていこうとか、器を大きくしようなんて思うからいけないんであって、人間なんて大きくなっても一緒。

「人間を捨てる」というのは、獣のようになるということでは、もちろんない。

俺でいうところの、魚の群れの中に入ろうと同化していくときの感じに近い。

人間らしく生きようというのは、キレイな言葉だとは思うよ。

でも、それを否定して、「人間を捨てる」と新たな自分が生まれてくる。

人間って苦労してるでしょ。毎日、嫌な思いして生きているでしょ。みんな苦しんでいる。

そしたら、〝人間〟なんて捨ててしまえばいいじゃない？

俺は鬼だから、こういうことを言い切れるんだろう。

「雀鬼」って言っている。鬼でいいんです。俺は。

それぐらいのことを言ったほうが逆に面白い。

人間らしく生きようなんていうから、みんな間違えておかしな世の中になっちゃっている。

人間らしく生きようなんていって、今、世の中の上のほうにいるやつらは実際何をしているんだよっていうね。

人間が人間でなかったら、戦争なんて起きてないはずだよ。

こんなこと言っちゃうのは本当はね、かっこ悪い。

「こいつ、頭おかしいんじゃないか」ということを言っているわけだ。

でも、俺も〝人間〟捨てないと、「雀鬼」になれないんだな。

捨てたから、「雀鬼」を続けられていたんだ。

「雀鬼」になるのは怖くない、むしろ面白かった。

人間でいたら5個くらいしか体験できないことを、鬼だったおかげで、みなさんがしてない体験を100個できたなって思っている。

鬼だからこそ、さまざまなものの裏側が見える。

すると、「表側はキレイでも裏側は汚いものに、なんでみんな群がっているんだろうな」って気持ちになったりする。

だからって、俺は押し付けませんよ。

俺みたいに生きたほうがいいよ、なんて絶対言わないから。

みなさんは人間らしく生きればいいんです。

すごいことを言っちゃったよね、俺も。

俺の中でしまっておけばいいものを。ついつい言っちゃった。

初めて感じる怖さ

日本社会は経済第一主義で、企業もコマーシャルとかで、不安をあおってくる。「髪の毛薄くなりますよ」「腰が悪くなりますよ」、でも「この薬を飲めば治りますよ」とか言ってくる。

70歳、80歳になって、若い頃と比べて体が不自由になってきたとしたら、それはそれでいいじゃないかっていう思いがある。

その年まで元気であったなら、それでいいじゃないかってね。

でも正直、「たいしたことない」「知ったこっちゃない」でやってきた俺も、もう80歳目前、これから先はわからない。

これまで、たいした不安なく生きてこれたのは、「なにがあっても俺は俺を守れる」と思っていたからだよ。

少なくとも自分を守れるということは、もしかしたら他の人も守れるかもしれない。

ところが、ジジイになってきて、動きが悪くなってヘマもするようになった。

そうすると、自分を自分で守れなくなるかもしれないと、そのとき初めて怖さというものを感じたんだ、77歳にして初めて。

今までだって恐怖心がないわけじゃなかったけど、分量としてはほんのわずか。おそらくみなさんよりも、恐怖心は薄いと思う。

ただ〝心を出す〟ということに関しては依然強いと思う。温かさを出すというかね。「心温かきは万能なり」は、俺の好きな言葉なんだ。熱いとヤケドしちゃうし、冷たくってもダメ。

温かいというのがほどよくて一番いい。優しさは、弱さと甘さに変わる。心の温かさが俺の強さの理由の1つであったんだ。

「自分を守れなくなるかもしれない」というのは、これまでになかった俺の新たな心境だよ。確実に死に近づいている。

でも、そんな新たなステージを迎え、これからどうなるんだろうかって、少し楽しみにしている自分もいる。

いつだって、不安や恐怖心を、好奇心と遊び心が上回るのが、俺だからね。

雀鬼会の道場生たちは子ども以上に大切な存在

著者略歴

1943年、東京・下北沢に生まれる。昭和30年代から、麻雀の裏プロの世界で勝負師としての才能を発揮。〝代打ち〟として20年間無敗の伝説を築き、〝雀鬼〟と呼ばれる。現役引退後は、「雀鬼流漢道麻雀道場 牌の音」を開き、麻雀を通して人間形成を目的とする「雀鬼会」を始める。

主な著書に『決断なんて「1秒」あればいい』（ソフトバンク文庫）、『感情を整える』（PHP文庫）、『努力しない生き方』（集英社新書）、『体を整える』（講談社）、『「実戦」で身につけた本物の教養』（クロスメディア・パブリッシング）、『超絶』『金メダリストの条件』（以上、竹書房）などがある。

瞬間《しゅんかん》は勘《かん》と愛《あい》なり

——混迷《こんめい》の時代《じだい》を生《い》き抜《ぬ》く力《ちから》

二〇二一年八月一二日　第一刷発行

著者　桜井章一《さくらいしょういち》

発行者　古屋信吾

発行所　株式会社さくら舎　http://www.sakurasha.com

東京都千代田区富士見一-二-一一　〒一〇二-〇〇七一

電話　営業　〇三-五二一一-六五三三　FAX　〇三-五二一一-六四八一

編集　〇三-五二一一-六四八〇

振替　〇〇一九〇-八-四〇二〇六〇

装丁　長久雅行

イラスト　森崎達也（株式会社ウエイド）

カバー写真　樂滿直城

印刷・製本　中央精版印刷株式会社

ISBN978-4-86581-306-7